CW01508133

Tel.: 01805 / 30 99 99
(0,14 Euro / Min., Mobil max. 0,42 Euro / Min.)
www.buchredaktion.de

Ursula Karusseit

Wege übers Land und durch die Zeiten

Gespräche mit
HANS-DIETER SCHÜTT

edition berolina

eb edition berolina

ISBN 978-3-95841-054-1

1. Auflage dieser Ausgabe

Alexanderstraße 1
10178 Berlin
Tel. 01805/309999
FAX 01805/353542
(0,14 €/Min., Mobil max. 0,42 €/Min.)

© 2016 by BEBUG mbH/edition berolina, Berlin
© 2012 (2009) by Verlag Das Neue Berlin, Berlin
Umschlaggestaltung: Buchgut, Berlin
Druck und Bindung: GGP Media GmbH, Pößneck

www.buchredaktion.de

*Theater, wie ich es mag, soll die
Leute lustig machen aufs Leben
und auf den Frieden miteinander.*

BENNO BESSON

HANS-DIETER SCHÜTT
Schwer in Ordnung, aber schwebend

1.

Es war ein Familienfest: Regisseur Benno Besson gastierte 1998 an dem Theater, das einmal das Berliner Ensemble war, mit seiner Zürcher Brecht-Arbeit »Die heilige Johanna der Schlachthöfe«. Es spielte auf der Bühne so ziemlich alles mit, was Besson hieß oder zu Besson gehörte – Pierre und Philippe Besson, die Söhne, Katharina Thalbach, die Tochter, Anna Thalbach, die Enkelin, Michel Seigner, der Neffe, auch des Regisseurs einstige Ehefrau und künstlerische Partnerin: Ursula Karusseit. Sie war die Frau Luckerniddle: in wenigen Auftritten das Porträt einer alten, gebrochenen, hungrigen Proletarierin; die Karusseit als eine Offenbarung des Verbrauchten. Ihre schlackernden Klamotten, darin die geduckte, fast ein wenig hündisch lauernde Arbeiterfrau – da hatte sich der Mantel der Geschichte ein Opfer gesucht, und man sah ins tragisch umschattete Gesicht des 20. Jahrhunderts, das mit Kapitalismus begonnen und mit Kapitalismus geendet hatte.

Das war die Karusseit? Wieder einmal wurde einem bewusst, wie just die Schauspielkunst Gesichter in unser Gedächtnis brennt, die dem Fluss der Zeit widerstehen, die gewissermaßen nicht älter werden (sollen). Die Karusseit – das bleibt für Millionen Fernsehzuschauer die Gertrud Habersaat aus Helmut Sakowskis »Wege übers Land« (Regie: Martin Eckermann, 1968): eine kräftige, erwachende, herbschöne Frau. »Daniel Druskat« hieß dann gleichsam die Weiterführung dieser Adlers-

9

hofer Erfolgsgeschichte, die das Genre Fernsehroman zum bleibenden Ereignis erhob.

Das hohe Institut des Theaters ist angewiesen auf jene, die sein stetes altes Wesen tapfer und traditionsbewusst behaupten, zugleich aber auch die Stunde seiner Veränderung mit der Witterung des Künstlers erfassen. Diese elementare Stunde, da sich etwas wandelt – ist nicht zu wollen. Sie bahnt sich an; sie ist gebunden an die Gunst der Situation und die Partnerschaftsfähigkeit derer, die sich zusammenfinden. Irgendwann müssen Kräfte rumoren und entschieden ins Freie wollen. Die Rede ist von Intendanten oder Regisseuren – und des Schauspielers Leben ist oft an den Zufall geknüpft, dass seine eigene Gabe sich kreuzen darf mit dem Drängenden einer neuen größeren Konstellation. Die Karusseit hat beides erlebt – die glückvolle Fügung einer Gemeinschaft, aber auch die Brache des Bittersten, das einem am Theater widerfahren kann: im Alleingang bleiben, sich fern aller produktiven und im Bühnenleben so notwendigen Geselligkeit durchbeißen zu müssen.

Sie spielte an der Volksbühne unter Benno Besson die Rote Rosa in »Moritz Tassow« von Peter Hacks (Verbot nach nicht mal zehn Aufführungen), sie ging mit Besson ans Deutsche Theater, wechselte erneut mit dem Schweizer, diesem wohl naivsten, witzigsten Theatergrobian Europas, an den Rosa-Luxemburg-Platz, war die Shen Te in Brechts »Gutem Menschen von Sezuan«. Besson, der Mann, den sie 1969 heiratete – da war sie, die Konstellation, das Kraftzentrum vor allem an der Volksbühne, zu dem damals auch Fritz Marquardt, Manfred Karge und Matthias Langhoff zählten: Theater als tolle Direktheit, stark, kräftig, ein Medium der Quälgeister, ein Werk nicht des schönen, sondern des frechen Scheins. Die Karusseit mittendrin, in ihrem Element, das man als eine Melange bezeichnen könnte zwischen Vollkunstbühne DT und

Volksbühne. Hier führte sie auch erstmalig, und sofort erfolgreich, Regie: Synges »Held der westlichen Welt«.

Theater bleibt, indem es fortwährend Platz macht. Alte Stoffe, neues Spiel. Es sind die Flüchtigkeiten, die das Netz des Unsterblichen knüpfen. Nur manchmal gibt es Inszenierungen, deren Glanz so groß ist, dass Stücke lange Zeit geradezu gesperrt scheinen gegen weitere Verwendung. Perfektion gibt Kraft, sie schüchtert auch ein. Wohlweislich: durch Maßstäblichkeit.

Zum Beispiel Jewgeni Schwarz' »Drache«. Deutsches Theater Berlin. Oder Brechts »Guter Mensch von Sezuan« an der Volksbühne. Zweimal Besson, auch zweimal Karusseit. Schauspielerische Unübertrefflichkeit in einem Spielbetrieb, der damals, in den Sechzigern und Siebzigern, noch nicht Regietheater hieß, aber sich doch großartiger, großer unartiger Regie verdankte. Besson, das war am Ende zu viel Frankreich und Schweiz vor den Toren des ZK. Ost-Berlin als Budenzauber, Prenzelberg als Montparnasse, als Jahrmarkt und DDR-Autorenspielplatz. So gefiel's der Karusseit, Theater in den Pappkartons, Brettergestellen oder leichten, tänzerisch schwingenden Tüchern des Bühnenbildners Ezio Toffolutti: Man trieb mit Maskierungen, Stilisierungen und Verpackungen das Körperliche in eine Übertreibung, die aber von genau umgrenzter Form gehalten wurde. Auf der Bühne Lebewesen wie wieselflinke oder clownsdicke Skulpturen, entworfen gegen alles Gestaltlose von Zeit und Welt. Die verrückten Spiele sämtlicher Teile des Körpers glichen noch im Chaos einem heiteren Triumph über alles, was ohne Zusammenhang ist. Der Menschenkörper – mit der Festigkeit oder Biegsamkeit seines Fleisches und der Ausgelassenheit aller Proportionen – wurde in der Grundidee dieses Besson-Theaters zu einem quicklebendigen Traktat wider die Formlosigkeit. Manchmal hatte man den Eindruck, Harlekin Besson wolle zeigen: Alle Tiere sind im Menschen vereinigt, und der sei eine Art Menagerie. Die Bühne als luftige Voliere, in der es fröhlich flatterte.

Aus einem Zufallsengagement 1985 in Köln – die Schauspielerin mit Schweizer Pass übernahm für eine erkrankte Kollegin eine Hauptrolle in Sternheims »Kassette« und machte die Premiere zum Ereignis – wurde im Zusammenhang mit wachsendem Überdruss, kulturpolitischen Querelen und sich durchsetzenden Langweiligkeiten an der Volksbühne ein glückliches Arbeitsexil am Rhein und in Frankfurt am Main. Die Karusseit: »Im Herbst 1987 war ›Courage‹-Premiere in Köln. Da kam der Kulturattaché der DDR aus Bonn, und dem habe ich gesagt, sehn Sie mal, so weit musste ich fahren, um die Courage zu spielen – konnte das nicht in Berlin stattfinden?«

Die andere Seite dieser Karriere: Die Karusseit ist ein Mensch des sehr deutlich vernehmbaren Tons. Der will ankommen, dieser Ton, er braucht ein Gegenüber, sei es im Einverständnis oder im Streit. Mag ihr Spiel, wie man so leichthin sagt, aus dem Bauch kommen, aus der heiteren Kumpanei zwischen Erfahrung und Ahnung, hinausflatternder Fantasie und handwerklichem Rückhalt – was Karusseit zur Gestaltung erhebt, sinnlich, rau, kreatürlich, das zielt doch auf den Kopf, hinter die Stirn. Und also war ihre Kunst stets an ein mitarbeitendes, mitanpackendes Publikum gebunden, an den ganzen schönen Schmutz, aus dem das Dasein so besteht. Und wer so denkt und lebt und gewissermaßen die dreckigen Straßenschuhe nicht auszieht, wenn er die Kunst betritt – der kann plötzlich, nach Auflösung der bezeichneten glücklichen Konstellationen, sehr allein dastehen. Mit einem Male ist der Begriff von den Wegen übers Land nicht mehr der Sicherheit gebende Ruhmesausweis mit unbefristeter Gültigkeitsdauer. Mit einem Male muss man diese Wege – gehen. Nordhausen, Schwerin, Bremen, Dessau, Tübingen. Sonst wohin.

Ich finde, dass in diesem Punkte sehr von dieser ehemaligen Sachbearbeiterin in einem Geraer Großbüro zu lernen wäre: Man sieht Ursula Karusseit das Wissen darüber an, dass das Leben gern die Leute gerbt, aber noch mehr sieht man ihr an, dass das Leben klein beigeben muss, wenn es auf begeisterte Augen, einen zähen Willen, einen robusten Witz, einen glühenden Trotz trifft. Dies schreibend, kommt mir jene Mutter in den Sinn, in »Hase Hase« von Coline Serreau, der späteren Lebensgefährtin Bessons. Der inszenierte das Stück 1992 am Berliner Schillertheater. Die Karusseit als Familienglucke: begnadeter Instinkt für die Organisation von Zusammenhalt, müde Beiläufigkeit im Ertragen von Schicksal, schrille Blöße einer Erzkomödiantin – als habe Mutter Courage eine glückliche Wiedergeburt erfahren.

Die Hölle, die auch aus der großen Kunst kleinen Alltag machen kann, hat keinen Ausgang – außer vielleicht für Frauen wie Karusseit, die im wahren Sinn des Wortes schwer in Ordnung sind und just von daher immer etwas Schwereloses behalten. Obwohl sie mit beiden Beinen auf dem harten Boden der Tatsachen leben.

Obwohl? Weil. Seit einigen Jahren offenbart die Karusseit dieses »Weil« auch in Deutschlands populärster Fernsehserie, »In aller Freundschaft«, ihre Charlotte Gauss leitet das Bistro in der Sachsenklinik des Mitteldeutschen Rundfunks. Diese Charlotte will alles und jeden fürsorglich, wärmend unter ihre Fittiche nehmen, und zugleich tragen diese Fittiche die Rangabzeichen einer Generalin. Eine Frau, ganz Seele und Befehle. Wie in einem Brennglas kann man in dieser Serie sehen, was und wer das ist: die Karusseit im neuen Jahrtausend, das noch jung ist, aber doch schon gewieft im Lehren jener alten (in sozialistischer Zwischenzeit ins Vergessen geratenen) Techniken, wie man zu sein hat, wenn man öffentlich werden und es erfolgreich bleiben will. Da ist zum einen die Schauspielerin Ursula Karusseit, die ganz einfach ihr Rüstzeug beherrscht. Und sie beherrscht es mit einer Aura, die auch dort beeindruckt, wo der zu spielende Stoff hinter den Möglichkeiten der Künstlerin zurückbleibt. Da ist zum anderen aber auch der Charakter, der nicht unterschlägt, was an Anspruch und Maßstab in dieses Schauspielerleben eingebrannt wurde, und der doch zugleich bar ist aller Überheblichkeit – die Karusseit ist sich für Arbeit nicht zu schade, der sie etwas Eigenes hinzufügen kann, aber sie weiß sehr wohl um ihre Leistungen, ihren einstigen Stand in der DDR. Sie tut es kund, doch sie verhält sich nicht nostalgisch. Sie nimmt das Leben, wie es ist, auch wenn es mal nicht mit Hauptrollen kommt. Die Karusseit geht ihm trotzdem entgegen. Und wenn nicht die großen Häuser, dann das kleinste Haus, dort aber groß: Sie spielt zum Beispiel leidenschaftlich gern im »Theater am Rand« in Zollbrücke; ein theatralischer Geheimtipp im Oderbruch.

2.

Am besten ist Beschreibung. Mithin also: das Herbeirufen einer Paradoxie – denn Schauspieler mögen Kritiker nicht mehr so sehr, das Verhältnis hatte bessere Zeiten, allein: Was Journalisten schreiben, überlebt. Der Schauspieler bleibt einzig – abgesehen von filmischer Dokumentation – aufgehoben in dem, was ein Rezensent (den Goethe mit Grinsen und Anstiftungsgenuss zu erschlagen aufforderte) nach der Premiere notiert. Jede Bewertung ist auch ein Schriftzug im Stein, der langsamer verwittert als sein Anlass.

Das »Theater am Rand«, kürzlich erst.

Die Kunst ist hier, an der Oder, wahrlich ein Wege-Lagerer, unmittelbar in Grenznähe. In Sichtweite: eine Zollbrücke. Alles findet genau dort statt, wo Kunst hingehört: Sie nistet an Übergängen. Sie betreibt Schmuggel. Obwohl einem Regelwerk folgend, neigt sie zum Gesetzlosen, und sie gedeiht im Schutze des Zwielichts. Die erwähnten Übergänge sind jene zwischen Lüge und Wahrheit, Gutem und Bösem, Bewirktem und Verwirktem; geschmuggelt wird, was sich uns so oft verbietet: die Mär vom ganz anderen Leben und die so leicht-sinnigen Gegengewichte zu allem Erstarrten und Verbrauchten; das Gesetzlose schließlich besteht im heiteren Missachten der Schwerkräfte (Kunst hebt ab). Und das genannte Zwielicht? Es vereint Sichtbares und Unsichtbares, und es ist paradoxerweise ganz hell, dieses Zwielicht – die Scheinwerfer machen ihrem Namen Ehre und werfen, wie alle Kunstausübenden, mit Schein nur so um sich. In Grenznähe ist keiner gern unbewaffnet, Vorsicht: Die Kunst trägt überschießende Fantasie in den Falten ihrer weiten Gewänder …

Grenznähe. Zollbrücke – der Ort im Oderbruch, ein Stück hinter Wriezen und vorm Deich. Hier, an der Dorfstraße mit Storchennest, die am deutsch-polnischen Fluss endet, steht das Theater von Thomas Rühmann und Tobias Morgenstern. Schauspieler der eine, derzeit vorrangig als Dr. Heilmann in der TV-Serie des MDR, »In aller Freundschaft«, Komponist und Akkordeonist der andere. Idealisten eines ganz besonderen Kunstsinns beide. Das »Theater am Rand« ist ihr Abenteuerspielplatz. Bretter, dicke Bohlen, Baumstämme, Balken, ein Holzkonstrukt, ein Haus, natürlich, ein Theater, aber alles improvisiert, pfeilschnelle Schwalben zirpen ihren Text in jede Aufführung hinein, die geöffneten Holzläden an den Wänden gestatten den Blick ins flache, weite, schöne Draußen. Das Ganze ein Lob des dauernd Halbfertigen,

dies aber ins Feld gestellt mit Sinn für die Sinnlichkeit –
des Perfekten im Fragmentarischen. Das Erbauliche:
ein Bau im ewigen Bau. Eintritt bezahlt wird hinterher:
Wenn Kunst den Menschen besser macht, macht sie ihn
auch spendabler; man bestimmt selber die Höhe des
Zolls, die man zu berappen bereit ist für Stunden jenseits unserer tagesgewöhnlichen Trugschlüsse, was richtig und wichtig, schön und preiswert sei.

Hier in Zollbrücke fand im August 2009 die Uraufführung von Matthias Brenners Komödie »Al Capone
und die Insel der Pelikane« statt – mit Ursula Karusseit
und Cornelia Heyse. Regie: der Autor selbst.

Wie soll man das Stück erzählen? Soll man es erzählen? Von Beginn an spürbar: eine fast kriminalistische
Verschlingung, es wird sich etwas zeigen, das am Ende
eine Überraschung sein könnte. Sagen wir nur so: Im
stillgelegten Gefängnis Alcatraz spielen eine Frau und
ein Mensch in Mannesanzug, in mehreren Varianten, das
Spiel von Täter und Opfer, von Bewacherin und Häft-
ling, von Herrin und Sklaven. Ein irres, wirres Spiel von
Macht und Ohnmacht, von Abhängigkeit, von Liebe,
die um sich schlägt, und Hass, der Umarmung sein
möchte. Lange Monologe, ein Kampf in Wortgefechten.
Eine Gangstersehnsuchtsgeschichte, eine pfiffiges Anti-
kleinbürgertraktat, ein Lied auf die Anarchie, und dann
plötzlich eine Geschichte, in der es jüdisch wird, verfol-
gerisch deutsch – das Rollenspiel als Spiegel eines Jahrhunderts, das mit Menschen und Identitäten würfelte.

Das alles steckt im Text, der sich poetisch, philoso-
phisch, kabarettistisch, romanhaft verquickt aufwirft.
Zwei Schauspielerinnen machen aus Erzählung Theater,
als träfen sich Becketts Clov und Hamm, oder Wladi-
mir und Estragon; auch Taboris Grotesken dürfen asso-
ziiert werden. Oder sogar Jean Genets todesspiellustige
»Zofen«.

Cornelia Heyse, ganz rothaariges Feuer, ist die Wärterin, die Befehlsgestalt. Schön, wie sie über ein Reservoir der aufgedrehten Hierarchiebehauptungen, straff, fest, hochgemut, berauscht, zu einer von Ängsten und Paniken und Wärmehoffnungen wie merkwürdig berauschten Frau wird. Plötzlich kann sie gleichsam das Ende aller Welten ausstoßen und leuchtet doch vor Lust auf mehr und mehr Leben.

Ursula Karusseit! Die sehenswert gierigen, gequälten Versuche eines kleinen Menschen, jener große Al Capone zu sein. Ein Bärtchen genügt, sie zwischen halbseidenem Filou und kaltem Mafioso anzusiedeln; ein Begegnungsfeld von jungem George Tabori und galant fiesem Charles Bronson. Dieser Capone säuft Erinnerungen an seine Morde wie Schnaps. Karusseit gibt das Konzert einer grandiosen Klaviatur: Verschmitztheit, Verschämtheit, Verdutztheit, Verschlagenheit, Verlorenheit. Fülle also, ausgebreitet aber mit dem Wahlspruch der Meisterlichen: Das Ausdrucksziel sei das Knappere und noch Knappere.

Sie haucht und röhrt, sie presst zusammen und platzt heraus – die Seelenmeisterin des Unverstellten und die Technikerin der Verstellung inniglich verfugt. Wenn Traurigkeit sie fast erstickend ins Röcheln treibt, werden die Augen zum Rollkommando der Selbstsicherheit; wenn der erzählende Mund Triumphmärsche der Gernegröße anstimmt, kullern die Augen in die Blickleere – die Karusseit spielt präzis, präsent, und so prall in den genauen Setzungen!, ganz großes Theater. Wenn sie kaltschnäuzig ist, ahnt man Erschütterungen; wenn sie sich in Gerührtheiten hineinschleicht, genießt da ein Mensch den Furor der Täuschung. Karusseit spielt, dass sich Theater-Berlin schämen muss, auf diese Schauspielerin zu verzichten. Sie präsentiert das Derb-Drastische ebenso wie eine geheime Lüsternheit, ihr Capone ist schwarze Schmähung und hellste Lust an einem Leben jenseits allen Biedersinns.

Brenner hat sein eigenes Stück ohne großen Aufputz inszeniert. Ein stählernes Doppelbett, Schemel, Tisch, Blechschrank. Die Zelle ist die Welt, die Welt ist eine Zelle, draußen rauscht ein Meer, die Pelikane krächzen (die Schwalben innen machen mit). Am Ende wahrlich rauschender, herzlicher Applaus. Da stehen die beiden Spielerinnen mit dem Rücken zum Publikum, schauen hinaus aufs Meer, ein Schiff ist gekommen, zurück ins Leben!, verschwindendes Licht, eine Umarmung zweier Schatten. Umarmen sich (noch) die glücklichen Dargestellten oder (schon) die jetzt vielleicht noch glücklicheren Darstellerinnen? Wer weiß schon Genaues an Grenz-Orten …

Der Premierentag war der Vorabend von Ursula Karusseits 70. Geburtstag, draußen stand der große Campingwagen, in dem sie während der Probenzeit hier am östlichen Rand Deutschlands gewohnt hatte. In bester Lage – das »Theater am Rand« ist eine gute Adresse für Menschen, die behaust sind im Unterwegs.

3.

Noch eine Beschreibung.

Keine Minute ist so lang und bang wie jene, in der man sich den Puls fühlt: Tickt da nicht irgendeine Krankheit? Wann beginnt das Alter? Wirklich erst, wenn die Zähne nicht mehr zu unseren unbeweglichen Gütern gehören? Der Weg ins Alter wird jedenfalls immer beschwerlicher: Es wird so weit kommen, dass wir jedes Mal, wenn wir zu einem Niesenden »Gesundheit!« sagen, zehn Euro in die Gesundheitsreformkassen zahlen. Das Ministerium für aktive Sterbehilfe, das sich noch Gesundheitsministerium nennen darf, will schließlich auch leben …

Solch medizynische Gedanken durften einem schon in den Sinn kommen, wenn man im wunderschönen königlichen Schlosstheater im Neuen Palais des Parks von Sanssouci saß, es ist schon einige Jahre her. Mitten in Samt und Blattgold. In solcher Kulisse wird man giftig oder niedlichkeitsgewogen. Hier inszenierte Philippe Besson einen Abend, der ein Fest vor allem für – Ursula Karusseit war. Sie nämlich spielte den Argan, jenen eingebildeten Kranken in Jean-Baptiste Molières gleichnamiger letzter Komödie (1673) – dem Stück über einen Hypochonder, der in hysterischer Sucht nach Leiden zum Familientyrannen wird, der sogar seine Tochter mit einem Arzt zwangsverheiraten will, nur um dauerhaft in der Nähe von Diagnosen, Medikamenten und Klistieren sein zu können.

Karusseits Argan: fett, gedrungen, unrasiert, grauhäutig, schmuddelig, ein paar Haarsträhnen auf der Glatze; mit Augen, die zwischen Misstrauen und Giftsprüherei hin- und herrasen wie eine Rolle Stacheldraht; mit einem böse zusammengekniffenen Maul zudem, an dessen Enden schwerste Gewichte zu hängen scheinen. Diesem Argan wurde der Körper mit seinen scheinbar dauernden Symptomen zum Scharfrichter der Seele. Jeder (eingebildete) Schmerz ein Todesurteil. Ein Sesselfurzer ist der Mann nicht. Zu dem Behufe schleicht er sehr gequält hinaus. Ansonsten aber blieb der Ohrensessel in der Mitte der leeren Bühne (Ausstattung: Henrike Engel) hauptsächlicher Aufenthaltsort Argans. Es ist sein Thron, um alle anzuherrschen. Ist sein Rollstuhl, um jeden mit Galligkeit zu überfahren. Ist sein Kinderwagen, um in eine kurzzeitige Besänftigung hineingeschaukelt zu werden. Ist schließlich sogar eine Art Scheintotenbahre, auf welcher er sich listig niederstreckt, um zu hören, was Frau und Tochter in Wahrheit über ihn denken.

Die Karusseit fauchte, greinte, bellte, erstickte fast in

Angst, um gleich darauf ein polternder Grollteufel zu werden. In der dauernden Vor-Empfindung von Siechtum entwickelte dieser kloßige Mensch, dieser watteweich umwickelte Greis, dieses schimpfende, bibbernde, im Krankheitswahn geradezu form- und gestaltlos werdende Wesen eine höchst panische Belästigungsenergie gegen jedermann – und zugleich ertappte man sich beim Mitgefühl: Da offenbarte sich jene Verwitterung, der kein Mensch entkommt.

Was die Karusseit da offenbarte, war Verkrüppelung von Lebenskraft durch überschießende Negativ-Fantasien; aber just in vollendeten Halluzinationen versicherte sich das Denken seiner Unvollkommenheit, seiner stets entschwindenden, immer zu eng bleibenden Möglichkeiten. Das war komisch, hatte in sich eine tiefe Tragik – blieb aber vor allem deftiges Komödchen. Hinterher wusste man im Schlosstheater nicht mehr so recht, ob man sich diesen Molière'schen Tiefsinn vielleicht nur gutwillig hineingedacht hatte ins so bezwingend lustig Inszenierte …

Besson und Karusseit steuerten die Komödie freilich souverän, und Souveränität bedeutete hier: keine Furcht davor zu haben, das Theater als Theater zu zeigen, als farbige Künstlichkeit, als etwas witzig Lustbares; Molière wurde im wahren Sinn des Wortes gespielt und nicht in eine besonders auffällige, gar draufpresserische Lesart gezwungen. Die Typengalerie in schillernd farbigen historischen Kostümen reichte vom Mann mit Riesenklistier über den erzhässlichen aufgezwungenen Bräutigam – mit Überbiss und blassrosa Streichholzbeinchen – bis hin zum breit sächselnden Notar und einer Ehefrau, die im Reifrock seelische Zusammenbrüche vorgab, als rutsche ein Heißluftballon kalt in sich zusammen.

Hinter Argans Sessel befand sich eine Wand, auf die während seiner Krankheitsbeschwörungen und Mitleidsarien ein riesiges Röntgenbild projiziert wurde. Wenn sich Karusseits eingebildeter Kranke später mit Hilfe seines resoluten Bruders erstmalig dem Apotheker Monsieur Clistier verweigerte – diesem gesäßgierigen Mann mit der Spritze, der, wie es im Stück heißt, keine Gesichter mehr gewohnt ist –, öffnete sich die Wand, und auf einer Revuetreppe reckte sich da im kalten Zwiebereich von Schatten und Licht majestätisch drohend, einschüchternd erpresserisch und gottfürchterlich urteilend der Arzt.

Die Karusseit stand einem bunten, deftigen Bilderbogen vor; sie hieb mit rotbäckiger Direktheit auf die Pauke, und dennoch klang alles erstaunlich dezent wie eine Spieluhr. Der Hypochonder als Urform des Ideologen: Am leichtesten findet man in der Welt das, was doch überhaupt nicht da ist. Einmal fragte Argan, was man denn nun ernsthaft tun solle, wenn man krank ist, und sein Bruder antwortete: »Nichts, Bruder.« – »Nichts?« – »Nichts.« Der Weisheit zumindest vorletzter Schluss: Die Natur der Dinge auszuhalten ist manchmal heilsamer, als die Welt unbedingt verändern zu wollen.

4.

Dieses Buch ist keine Autobiografie der Ursula Karusseit, es ist keine Biografie über sie. Die Gespräche sind ein Bekenntnis: zum Fragment, das jeder Unterhaltung die Grundlage und die Grenze gibt. Ich danke der Schauspielerin für die Gastfreundschaft, die Geduld und die Gedanken. Dank an Eleni Pavlidou, Gabriele Roth, Holger Nelke, Gerda Jirschik, Margit Stupka.

Berlin, im August 2009

DAS ERSTE GESPRÄCH

über

Rettungstränen für Luise
Das Kantige und das Schräge
Ostdeutsche Kittelschürzen
Ängste einer »Saupreußin«
Pläne für Parchim
Mädchen im Wandschrank
Ein Foto am Fluss
Familienfeste mit Lautstärke
Witze mit Ansage

Ursula Karusseit als Elsa in »Der Drache« von Jewgeni Schwarz,
Deutsches Theater Berlin, Regie: Benno Besson, 1966

GISELA STEINECKERT
Beifall unterm Hotelfenster (1968)

Sie wurde gegen Ende des Krieges geboren. Von schwerer Kindheit war nie die Rede, aus Gesprächen blieb in Erinnerung die Erwähnung eines Bruders, der ihre Fotos sammelt, und die Erwähnung der Eltern.

Eines Tages kam sie nach Berlin, bestand die gefürchtete und herbeigesehnte Aufnahmeprüfung, besuchte für die vorgeschriebene Zeit die Schauspielschule und bekam danach ein Engagement an die Volksbühne. Das klingt nicht nach einem bedeutenden Lebenslauf.

Inzwischen spielt sie große Rollen – etwa am Deutschen Theater in Berlin, das seine neue Blüte erlebt in einer Zeit, da ernstgemeinte Theorien beweisen wollen, dass der Niedergang europäischer Theaterkunst folgerichtig sei. Von den großen Erfolgen berühmter Inszenierungen dieses Hauses war schon viel die Rede. Auch davon, dass eine Reihe von Schauspielern hielt, was ihr Debüt hier versprach. Man muss Rolf Ludwig nennen, Eberhard Esche, Reimar Joh. Baur, Dieter Franke, Friedo Solter, Klaus Piontek – die Reihe ist nicht vollständig. Man muss Elsa Grube-Deister nennen – selbst wenn man allerdings ganz gerecht wäre und keine Kollegin ausließe, würde sich immer noch die auffällige Diskrepanz zwischen dem Mangel an guten Schauspielerinnen und der Fülle von guten Schauspielern zeigen.

Nach den »Jungen« kommen die »Jüngeren«. Ein Gleichmaß deutet sich an, gutes Zeichen einer sinnvoll gelenkten Entwicklung, Kontinuität wird sichtbar, der Nachwuchs tritt auf, reiht sich, darunter gibt es einige, die kommen, sie sind einfach da und werden bleiben – so sicher wie das Amen in der Kirche. Zu ihnen gehören Christine Schorn und Dieter Mann, und zu ihnen gehört Ursula Karusseit. Von ihr ist die Rede, mit Vorsicht, mit möglichster Behutsamkeit, denn sie ist sehr jung und probiert sich eben aus. Sie ist dabei, ihr Handwerk zu lernen. Was also darf man schon sagen? Nicht mehr als das, was man gesehen hat. Davon abgegrenzt eine persönliche Meinung über das, was da entstehen könnte, welche Entwicklung sich andeutet.

Die Karusseit hat Kraft. Sie ist ohne Dumpfheit, unsentimental, gerne und oft heiter. Sie schleppt kein Schicksal mit sich herum und neigt nicht dazu, sich unverstanden zu fühlen. Sie kann zuhören, und zugeben, dass sie etwas nicht verstanden hat. Es macht ihr nichts aus. Vordergründige Eitelkeit ist nicht ihre Sache, wie allen Menschen mit kräftigen Konturen liegt ihr Mickrigkeit fern. Ihr Gesicht ist offen und wandlungsfähig, es zeigt Herzlichkeit; ihre psychische Offenheit ist noch uneingeschränkt. Sie hat eine besondere Naivität und Direktheit; nicht mehr die eines Kindes, die erste und verlierbare, und noch nicht die eines Erwachsenen, der den Wert unmittelbarer Empfindungen und Haltungen schätzen gelernt hat und sich bemüht, einen Teil der Naivität neu zu erlangen.

Die Karusseit ist eine Schauspielerin. Spieltrieb und Gestaltungskraft beginnen sich glücklich zu vereinen. Darin liegt Kostbarkeit. Ihr ist etwas gegeben, das anderen ein Leben lang Mühe machen kann: Wenn sie die Bühne betritt, gewinnt sie an Schönheit und Leichtigkeit. Sie fühlt sich wie ein Fisch im Wasser, ohne Schwere, ohne Hemmungen. Das kam ihr in Paris besonders zustatten. Über der Stadt lag Gluthitze. Und die Karusseit hatte Premiere als Elsa im »Drachen«. Sie überstand alle Besonderheiten der Vorstellung mit einer Frische, die bis zum Schluss erhalten blieb. Nach der

Vorstellung klatschten Pariser unter ihrem Hotelfenster Beifall. Wenn sie das erzählt, sieht sie schön aus. Weil sie nicht so tut, als wäre das nichts Besonderes; oder als käme ihr das eigentlich nicht zu. Es war so, und es war schön, und es hat sie glücklich gemacht.

So unverstellt findet dieses Mädchen auch auf der Bühne noch zu den verstelltesten Empfindungen. Wenn sie spielt, macht sie einen oft heiter. Als Rote Rosa war sie in »Moritz Tassow« auf den ersten Blick alles andere als weiblich anziehend. Zottelig, eher zerlumpt als angezogen, trat sie fluchend als Trumm-Weib auf. Aber noch wenn sie die gemeinsten Wörter und Vergleiche benutzte, ergab sich eine sonderbare Wirkung: Die Wörter wurden wieder Wörter, Bestandteile einer Sprache, Kategorien zur Verständigung. Die Karusseit reinigte sie nicht, sie gab nicht Scham hinzu, was die Ausbrüche unerträglich gemacht hätte, sondern sie tat was anderes. Sie gab der Roten Rosa Persönlichkeit. Sie stattete ein menschliches Wesen mit dem Recht aus, genau das zu sagen, was es meint, und zwar genau so, wie es will.

Als Isabella in »Maß für Maß« war sie ganz anders. Rein und keusch. Und ungeheuer sinnlich. Nicht ohne Schläue, nicht ohne Kälte. Das alles ist vorhanden. Nach außen war sie fromm. Vielleicht weiß die Karusseit selber noch gar nicht so genau, was sie alles entstehen lässt bei einer Figur, an die sie sich herantastet, die sie zu fassen sucht. Denn manches macht sie einfach mit dem Instinkt richtig.

GISELA STEINECKERT,
geboren 1931, lebt als
Schriftstellerin in Berlin.

HANS-DIETER SCHÜTT: Ursula Karusseit, es gehört zu den Geheimnissen jeder Biografie, wie sie sich zum unumkehrbaren Weg formt. Wie werden wir, was wir eines Tages sind? Was ist freie Entscheidung, was dagegen aus Gründen vorbestimmt, die wir nie ganz zurückverfolgen können? Überschätzen wir nicht manchmal die Kraft unseres eigenen Willens? Was stößt uns an, welche Befehlsgeber gibt es für unsere Handlungen? Was liegt schon in der Wiege, was ist Ergebnis bewusster Einflussnahme durch Erziehung oder erschütternde Erlebnisse? Kurzum: Die Liebe zum Theater – wurde sie bei Ihnen bereits im Elternhaus gelegt?

URSULA KARUSSEIT: Nein. In Gera war ich als Schülerin nur ein einziges Mal im Theater, in Schillers »Kabale und Liebe«. Wahrlich eine Ausnahme. Denn meine Eltern fanden es überhaupt nicht gut und nützlich und ihrer Kultur generell nicht angemessen, an diesen Ort der Leichtfertigkeit und Sittenlosigkeit und schnulzigen Unterhaltung zu gehen.

So ablehnend standen sie zum Theater?

Sie lehnten es vehement ab, es beleidigte zu großen Teilen des jeweiligen Spielplanes ihre Ästhetik und ihren guten Geschmack. In der 5. Klasse muss es gewesen sein, da bot mir eine Schülerin, sie hieß Hopf und war auch lang wie eine Hopfenstange, eine Karte zu vierzig Pfennig an, es handelte sich um eine Vorstellung vom »Weißen Rössl«. Ich hätte die Karte sofort genommen, wagte dies aber nicht ohne Rücksprache mit meinen Eltern. Also traten wir beide gemeinsam vor den Familientisch der Karusseits, ich sehe noch heute, wie sich misstrauisch, Ungutes ahnend, der Blick meines Vaters hebt, zusammen mit seiner lauernden, befürchtungsvollen Frage: »Was wird denn gegeben im Theater?« Wie er das Wort schon aussprach: Theater. Ein Stein im Mund, den man sofort ausspucken muss. Als ich ihm den Titel der Operette nannte, sagte er nur kurz und knapp und mit dem Ton, der keinen Widerspruch duldet: »So etwas Seichtes schaust du dir nicht an!« Bis heute habe ich das »Weiße Rössl« nicht gesehen. So war das mit dem Theater. Da wurde mir nichts in die Wiege gelegt.

Die 1939 in Elbing stand.

Ja. Sie haben recht, man weiß am Ende nicht ganz genau, was einen hierhin oder dorthin getrieben hat im Leben. Von großen künstlerischen Vorbestimmungen durch familiäre Tradition kann ich nichts erzählen.

»Kabale und Liebe« in Gera …

Ja, das erste und einzige Mal, dass ich als Schülerin ins Theater ging. Ich weiß gar nicht mehr so genau, woher ich die Karte erhielt, wahrscheinlich über die Schule. Was ich aber noch weiß: Ich habe geweint. Weit oben im Rang saß ich und sah die Luise, gespielt von einer Darstellerin, die Christa Körner hieß, und sie nahm die Limonade mit dem Gift, und ich konnte nichts gegen diesen Tod tun, und ich hätte doch so gern etwas getan, ich hätte mich so gern helfend, rettend in dieses fremde Schicksal hineingeworfen. Aber mir blieb nur dieses aufrichtige, anteilnehmende Schluchzen. Hemmungslos heulte ich. Dieses Erlebnis nahm mich mit – vielleicht im doppelten Sinne: Es nahm mich seelisch, emotional mit, aber vielleicht nahm es mich auch mit auf den künftigen Lebensweg. Ja, wer weiß, wo die Keime gelegt werden für das, was unser Leben letztendlich ausmacht. Übrigens sprach ich mit einer Rolle aus »Kabale und Liebe« später in Leipzig vor, an der dortigen Theaterhochschule. Ich versuchte mich an der Lady Milford, aber das war ein totaler Reinfall.

Wollten Sie Film- oder Theaterschauspielerin werden?

Gedacht habe ich nur ans Theater – obwohl ich auf einem Foto von mir, mit zwölf Jahren, »Filmschauspielerin« geschrieben hatte. Später radierte ich den Schriftzug weg, es war mir denn doch zu peinlich.

Ich muss noch mal fragen: Sind Ihre Eltern selber nie ins Theater gegangen? Es gab auf Bühnen doch wahrlich hohe Literatur, ob nun Schiller oder Goethe, es gab Dichter und Dichtungen, welche die Theaterleute von dem Verdacht des leichten Gewerbes freigesprochen hätten.

Nein. Nie. Höchstens mal in ein Konzert gingen die Eltern. Mein Vater war Chorleiter in der Gemeinde, die Mutter ging mit, sie hatten wöchentlich ihre Singstunde, zusätzlich eine Übungsstunde dafür, das füllte sie aus. Hinzu kam die Bibelstunde. Theater, nein, sie wollten uns schließlich zu anständigen Menschen erziehen. Ganz redlich war das von ihnen gedacht, Theater erschien ihnen als Allotria, als bedenklicher Lebenswandel, als Gefährdung der Sittlichkeit. Theater, sagte meine Mutter, und sie hatte es natürlich von anderen Leuten, und die mussten es ja wissen, sei sehr einfach zu definieren: Wenn ein junges Mädchen eine Rolle bekommen wolle, müsse sie mit dem Regisseur ins Bett gehen. Sie meinte das, was wir später am Theater selbstironisch die »Besetzungscouch« nannten. Aber meine Mutter verallgemeinerte das auf geradezu prüdeste Weise. Erst als sie später die ersten Fotos von mir sah, Rollenfotos, da erkannte sie wohl mählich, dass ihre Urteile krasse Vorurteile waren, denn von mir wusste sie doch mit hundertprozentiger Sicherheit, dass ich – zudem noch Spätentwickler in allen Belangen der Jugend – ein anständiges Mädchen war.

Wussten Sie beizeiten, für welches schauspielerische Fach Sie geeignet waren und wofür nicht?

Ich heulte bei der Geraer Luise wie ein Schlosshund, aber diese Art jugendliche Leidende oder tragische Unschuld – das war mein Fach nie. Kein Gretchen, keine Julia vom Romeo, keine Emilia Galotti, auch keine Luise Millerin. Abgesehen von der Schauspielschule, wo man vieles, geschützt vor Öffentlichkeit, probieren konnte und musste – meine Rollen später waren andere Frauentypen, die Gräfin Orsina, die Margarete von Aix bei Hacks, die Kommissarin in der »Optimistischen Tragödie« von Wischnewski. Mir lag nie so sehr, wenn ich das jetzt arg und fahrlässig verallgemeinern darf, das Blauäugige, ich liebte eher das Schräge, das Kantige, auch das etwas Raue, Ruppige oder Burschikose. Alles nicht gegen die Weiblichkeit gesagt, aber der flehende, schwebende Typ war ich wohl nicht. Vielleicht war die Elsa im »Drachen« eine gewisse Ausnahme. Kürzlich sollte ich in einem Märchenfilm, »Tischlein, deck dich«, jene Wirtin spielen, die mit ihrem Sohn den Wunderesel klaut, ihn für sich verstecken will. Das ist eine Frau, der fällt das Kotelett auf den Fußboden, sie hebt es auf und legt es wieder auf den Grill. Solche Typen, handfest, mit allen Wassern gewaschen, die mag ich. Übrigens spielte ich dann in dem Film eine andere Rolle, leider viel zu geradlinig, diese Figur, obwohl es natürlich trotzdem Spaß gemacht hat. Mutter und Sohn in dem Filmmärchen waren zum Ehepaar umfunktioniert worden, und dafür brauchte man Jüngere. Das ist die Tendenz: Fernseh- und Filmgesichter werden jünger und jünger. Da geht der Jugendwahn um, und einem Wahn fehlt bekanntlich jedes Maß.

Was macht Ursula Karusseit unverwechselbar – in deren eigenen Augen?

Das kann ich nicht sagen, das weiß ich wirklich nicht, und ich habe mir darüber nie Gedanken gemacht. Das war vielleicht manchmal ein Fehler, ich spielte zwar nicht die Blauäugigen, war aber oft selber blauäugig – nicht immer ist das ein Vorteil. Auf jeden Fall war es schon auf der Schauspielschule so, dass ich alle anderen immer besser fand als mich. Das war keine Koketterie, das war echte Unsicherheit oder so eine Art inneres Abwinken: Na ja, es reicht vielleicht doch nicht. Ich hatte sehr oft das Gefühl, aufgebaut werden zu müssen. Ich vermag mich in den künstlerischen Dingen sehr, sehr schlecht selber einzuschätzen. Manchmal ist das aber auch ganz gut, denn man vergrübelt nicht zu sehr. Aufgefallen ist mir, dass es Schauspieler gibt – und jetzt wage ich die These: vor allem westdeutsche –, die von sich sprechen, wenn sie von der zu spielenden Gestalt reden. Die sagen nicht: »Iphigenie macht dies und das«, die sagen: »Ich mache dies und das«. Sie identifizieren sich auf eine Weise – die mir fremd ist. Dieses Ich-Gefühl, das mir mitunter übertrieben vorkommt, hatte ich nie.

Das ist der berüchtigte Kollektivismus!

Ja, ja, haha!, und eine Folge der Mauer und des Unrechts- staates! Es ist nur eine Beobachtung von mir, anzwei- felbar, aber vielleicht hat es etwas mit grundsätzlicher

Distanz zu tun, mit sehr freiwilliger Eingemeindung des eigenen Spiels in den größeren Zusammenhang.

Jedes »Ich«, das heute gesagt wird, ist ein Zeichen freier Lebensart, aber jedes »Ich« ist inzwischen auch mit dem Makel des Individualismus verbunden, der ausgebrochen ist wie eine Epidemie. In einem Gedicht fragt Volker Braun: »Wann sag ich wieder mein und meine alle.«

Das beschwört ein Miteinander, dem ich nachtrauere. Andere vielleicht nicht, ich schon. Immer macht man die Dinge an konkreten Wahrnehmungen fest. Vor einigen Jahren drehte ich einen Film am Wannsee, nur westdeutsche Schauspieler. Der Kollege, der mein Filmpartner war: ein zauberhafter Mensch, aber wenn er nicht dran war, saß er irgendwo abseits, kein Wort, kein Gespräch, nichts. Wenn ich da an unsere lebhaften, geradezu innig geselligen Arbeiten früher bei »Wege übers Land« oder »Daniel Druskat« denke – Welten liegen dazwischen. Das ist vorbei.

Waren Sie als Kind eine gute Schülerin?

Gut war ich in Deutsch und Literatur, das hat mich interessiert, und wo Interesse aufkommt, wird man automatisch fleißiger und besser. Brecht sagte, Talent sei überhaupt in erster Linie Interesse. Andere Fächer rissen mich leider wieder runter, ich musste die 6. Klasse sogar zweimal über mich ergehen lassen. Also, ich war für meine Eltern schulmäßig nicht unbedingt ein Hit. Erst eine verspätete Einschulung – durch die Flucht in den letzten Kriegswirren und das Chaos der neuen Heimatfindung kam ich erst mit sieben Jahren in die Schule – und dann noch Sitzenbleiben. Ich hatte zwar in Deutsch und Literatur eine Eins, aber in Mathematik,

Physik und Russisch eine glatte Vier. Das Versagen in den naturwissenschaftlichen Fächern ging mir nie groß nach, aber dass ich kein Russisch lernte, ärgert mich noch heute. Es ist eine so warme, klangvolle Sprache; die reinste Melodie. Schade, dieses Versäumnis habe ich nie nachholen können. Aber da war ein so kindlich blöder Widerstand gegen diese Sprache, ein Trotz, auf den man damals sogar noch stolz gewesen ist.

Es war eine ärmliche Schulzeit?

Es waren zunächst drei Klassen in einem Raum. Als ich eingeschult wurde, bekam ich einen Asparaguszweig, einen Apfel und eine Schiefertafel, das war's. Keine Zuckertüte. Meine Eltern hat es ihr Leben lang belastet, dass sie uns nichts vererben konnten. Wir Kinder mussten sie in dieser Hinsicht immer trösten, und wir haben sie gern getröstet. Was ist denn das für ein Kriterium: etwas vererben! Sie haben uns geliebt, und sie haben viel getan, dass wir alle in der Familie gern leben.

Empfanden Sie es als peinlich, sitzen zu bleiben?

Vor meinen Eltern war es mir peinlich. Vor anderen Leuten nicht, auch nicht vor den Mitschülern. Es war eine seltsame Stimmung an der Schule. Die nannten mich Zugezogene eine »Saupreußin«, wahrscheinlich hatten sie das daheim von den Eltern gehört, man war nicht zimperlich gegen Fremde. Wir gehörten zu den Vertriebenen, das Nachkriegssyndrom wirkte, es ging schon ziemlich heftig zu gegen Leute wie uns. Viel Sympathie war da nicht unter den sozialistischen Landsleuten. Es gab damals im Osten die politische Losung »Ami, go home!«, sie stand an vielen Hauswänden, ich rief sie auch und fügte an: »... und nehmt die Sachsen und die Thüringer mit!« Und das mitten in Thüringen. Also kriegte ich Klassenkeile, richtige handfeste und schmerzhafte Klassenkeile. Die haben mich bis nach Hause verfolgt, mich regelrecht gejagt. Es war ein relativ kurzer Weg bis nach Hause, ich empfand ihn jedesmal, wenn so was passierte – es passierte also nicht nur einmal – wie eine folternde Ewigkeit. Die schubsten mich in ein Kornfeld, ich krallte mich an einem Körper fest, riss einem Mädchen die ganze Tasche aus dem Rock – es gab furchtbare Szenen. Ja, bis vor die Haustür verfolgten die mich, sogar noch die zwei Treppen hinauf bis vor die Wohnung, ein Krach im Treppenhaus, mein Vater machte die Tür auf, ich war gerettet, die konnten mich nun nicht mehr verprügeln. Ein Aufatmen, aber da hatte mir mein Vater schon eine gelangt ... Ich erzähle das nur, um anzudeuten, wie wenig mir das Urteil der Mitschüler bedeutete, als ich sitzen blieb.

Ihre Familie ist waschecht ost- und westpreußisch.

Das kann man wahrlich sagen, ja. Mein Vater kommt aus Tilsit, die Mutter aus Pommern, und auch die Großeltern stammen aus Ostpreußen. Wir sind in Westpreußen geboren. Der große Bruder noch in Sensburg, das gehört zu Westpreußen, gerade noch so, mein anderer Bruder und ich in Elbing, meine Schwester Ingrid kam in Parchim zur Welt.

Flüchtlingskinder.

Wir hatten Glück, dass wir während der Flucht aus Ostpreußen in Gotenhafen nicht auf die »Gustloff« kamen, jenes Schiff, das von den Russen abgeschossen und versenkt wurde. Wir waren auf den Bahnhof gegangen, nicht in den Hafen. Auch wir sind Anfang Januar 1945 raus, es war dieser wahnsinnig kalte ostpreußische Winter. Ich war fünf Jahre alt. Meine Mutter hatte für jeden einen Koffer gepackt, jeder bekam ein Pfund Zucker eingewickelt, aber das musste am Ende alles zurückgelassen werden. Man floh mit dem, was man auf dem Leib trug. Ich hatte eine Zipfelmütze auf, die zu einem Mantel gehörte. Der Mantel aber fehlte. Die Zipfelmütze habe ich nie vergessen. Komisch, welche Spielchen die Erinnerung mit uns treibt. Die Welt bricht zusammen, der Tod hockt überall, aber wir sehen nur eine Zipfelmütze. Ich weiß nicht mal mehr, ob ich gefroren habe. Aber ich sehe noch immer die anderen, wie sie froren, wie sie um die Schornsteine auf den Waggondächern der Personenzüge hockten und sich an ein bisschen Rauch oder Dampf wärmten. Und wie die angeeisten Züge dann endlich mit einem derben, abrupten Ruck ins Rollen kamen und die Menschen herunterfielen. Einmal freute sich meine Großmutter, einen Schlitten entdeckt zu haben, wir waren neben einer Kaserne einquartiert, ein Schlitten würde uns vieles erleichtern – sie stapfte durch den Schnee und schreckte zurück. Da war kein Schlitten, da lag ein erstarrter toter Mensch … Wir waren drei Frauen – Großmutter, Tante, meine Mutter – und drei Kinder. Der Vater war im Krieg, er kam dann in Budapest in russische Gefangenschaft. Meine Mutter mühte sich, über das Rote Kreuz herauszubekommen, wo er war – als er entlassen wurde, hat er uns tatsächlich gefunden, wir waren inzwischen in Mecklenburg.

Fühlen Sie sich heute noch als Vertriebene?

Vor einiger Zeit las ich in der »Berliner Zeitung« Aussagen dreier junger Menschen, die sich tieftraurig über den Verlust der ostpreußischen Heimat gaben. Ich sehe und lese so etwas mit tiefer Skepsis. Solche Klagen haben etwas vom Lamento Achtzehnjähriger, die 1989 befreit ausriefen, vierzig Jahre lang seien sie in der DDR belogen und betrogen worden.

Und was heißt Traurigkeit. Das ist mir alles zu absolut gesagt. Jedes Schicksal hat seine Eigenheit, kein Leben geht vollständig in der Tendenz auf, die später von der Geschichtsschreibung bilanziert wird. Als wir auf unserer Flucht ausgeladen wurden in Parchim, da waren alle anderen schnell auf die Bauernhöfe verteilt worden, nur unsere Familie, also die drei Frauen und wir drei Kinder, wir hopsten da rum, die Erwachsenen spielten mit uns. Meine Mutter weinte, sie wurde von einer Bäuerin gefragt, wer denn alles zu ihr gehöre, meine Mutter verwies auf die herumhopsende Schar, die Bäuerin sah uns an – und nahm uns wortlos mit und auf. Es entstand eine schöne Freundschaft. Die Frau war Gutsbesitzerin, die dann sogar ihren Knecht Johann, einen polnischen Fremdarbeiter, heiratete. So etwas gab es auch, es gehört also ebenfalls zum Thema der Vertreibung. Nicht nur die endlose Traurigkeit. Immer ist alles konkret, und zu einem Leben gehören so viele Facetten, die in jeweils herrschender Geschichtsbetrachtung leider verloren gehen. Meine Eltern besuchten später die beiden vom Gut, von den Kommunisten waren sie enteignet worden, das Gut wurde LPG, erst nach dem Ende der DDR erhielt die Tochter das Gut zurück. Mit diesem Mädchen war ich eingeschult worden, wir sind zur 650-Jahr-Feier des Ortes gefahren, und, wie damals nach dem Krieg, gehörten wir ganz selbstverständlich dazu. Bei dieser Feier ging ich auch ins kleine Museum, sie hatten ein Büro ausgeräumt und dort alte Dokumente und bäuerliche Requisiten aufgestellt, sehr schön alles, und ich schaue und schaue – und plötzlich traue ich meinen Augen nicht: ein Foto von unserer Familie, mit der Bildunterschrift: »Heimat für kurze Zeit«. Das hat mich sehr berührt.

Wie lange waren Sie in Mecklenburg?

Drei Jahre. Mein Vater kam aus der Kriegsgefangen-schaft und fertigte fürs gesamte Dorf Holzpantinen. Er war Stellmacher. Als die DDR gegründet wurde, suchte man Neulehrer und bot ihm ein Studium in Berlin an. Nach einem Jahr Studium wurde er Berufsschullehrer in Gera.

Hatten Sie damals Angst vor den Russen?

Die Bauern hatten uns im Nachbargehöft auf den Boden »gestopft«, sie versteckten uns, aber die Russen fanden uns dennoch, sie zerschlugen alle Türen mit Gewehrkol-ben, sie zerrten meine Mutter, eine schöne fünfunddrei-ßigjährige Frau, aus dem Bett, sie schlief immer neben meinem kleinen Bruder. Wir Kinder machten daraufhin einen so mörderischen Krach, wir schrien und weinten, wir boxten und schlugen um uns, das muss die Soldaten so genervt und erschrocken haben, dass sie abließen von unserer Mutter. Ansonsten kann ich mich nur an den Park erinnern, in dem ständig besoffene Uniformierte lagen. Mein Bruder war ein Filou, er schlich sich an die Schlafenden und klaute ihnen die Geldtaschen. Als wir wieder drüben im anderen Gehöft waren, saß mein Bru-der oft auf dem Schoß eines russischen Offiziers, der es auf wirklich liebenswürdige Weise bei meiner Mutter versuchte. Er werde wiederkommen, versprach er, und er bringe uns allen viel Schokolade mit. Er fuhr weg und kam natürlich nicht wieder.

Zur Vertriebenenproblematik: Der Journalist Klaus Bed-narz kommt aus Ostpreußen, die Eltern besaßen einen Bau-ernhof in polnisch gewordener Heimat. Bednarz erzählte, sein Vater habe nach dem Krieg an den polnischen Bauern geschrieben, er wisse schließlich um die deutsche Ursache all des Leids und all der Vertreibung, und daher werde er nie, was auch geschehe, Besitz- und Rückgabeforderungen an Polen erheben.

So haben meine Eltern auch gedacht, immer. Als meine Mutter schon im Westen war, als Rentnerin dann, da nahm sie an einer Busfahrt nach Polen teil, sie besuchte ihren früheren Wohnort, unangemeldet betrat sie ihr altes Haus, erkannte alles wieder, ein Taxifahrer, der Deutsch sprach, hatte sie hingefahren, er übersetzte das Gespräch mit der jetzigen Bewohnerin, am Ende haben sie alle ein wenig geweint.

Haben Ihre Eltern über die Kriegszeit geschwiegen, oder herrschte Offenheit?

Offenheit. Meine Eltern haben nicht geschwiegen, sie haben erzählt, und ich war wissbegierig. Ich habe meinen Vater auch gefragt, ob er jemanden erschossen hat im Krieg. Er antwortete, das hätte er mit seinem Glauben nicht vereinbaren können, und ich glaubte ihm. Allerdings fügte er hinzu, er sei nicht in die entsprechende Zwangslage gekommen.

Frau Karusseit – waren Sie in der Schule sportlich?

Als Schülerin? Nee, nicht besonders. Auf dem Stufenbarren turnte ich ganz gut, aber das war's auch schon. Sport habe ich nie groß getrieben. Ich ackere lieber, im wahrsten Sinne des Wortes, ich wühle gern in der Erde, harke und grabe herum. Gartenarbeit ist für mich das beste Fitnessprogramm. Ich tauge nicht fürs Nordic Walken im Rentnerverein oder fürs gemeinsame Atmen im Chor, wenn ich das so salopp sagen darf.

Ihr erstes Engagement nach dem Studium an der Berliner Schauspielschule sollte Parchim sein. Zufällig jener Fluchtort.

Sollte, ja. Wir hatten den Plan, als Trupp junger Schauspieler den Norden der Republik unsicher zu machen. Die Hauptsache für mich war: Spielen, egal wo. Ich schielte nicht nach dem großen, berühmten Theater, ich hatte keinerlei Abneigungen gegen die sogenannte Provinz. Habe ich übrigens nie gehabt. Provinz ist das, was hauptsächlich in uns lebt, das Krumme, das Unvollendete, das Erdverbundene, das Ungelenke, das Ungeschminkte, das Staubige, das Behäbige, das Gaunerische, das Halbstarke, das Geringe, das Ohnmächtige – ach, man kann gar nicht aufhören mit dem Aufzählen von Lebendigkeiten, die in der Provinz stecken.

In der Provinz leben die eigentlich Starken?

Ja, dort müssen sich die Menschen gegen ein ablächelnd hingesagtes Image wehren. Das Selbstbewusstsein, das anderen Schauspielern in den Metropolen durch Medienaufmerksamkeit vor die Füße geschüttet wird, das muss man sich in der sogenannten Provinz immer aufs Neue hart erarbeiten, und man muss aufpassen, sich nicht heimlich in andere, in reine Wunschexistenzen hineinzuträumen …

… obwohl man allabendlich doch nur in Parchim auf die Bühne geht.

Ja, das kann einen Menschen zerreißen, in die Depression treiben. So wurden viele Theaterkantinen zu traurigen Stätten der Narkotisierung. Damit man die bittere Realität nicht spürt; im Suff lässt sich besser sagen:

»Eigentlich gehöre ich an ein Welttheater ...« Mich aber hätte Parchim nicht gestört. Mich hat im Leben nie ein Parchim abgeschreckt. Ich nehme das Leben, wie es kommt. Was kommt, muss nur einfach Spaß machen, und die Leute, die es tun, müssen zusammenpassen und füreinander ein gutes Gefühl haben. Aber die Leitungen damals mochten es nicht, wenn sich junge Schauspieler zu Truppen zusammenschlossen. Man vermutete da wohl immer so eine Art konzertierter Aktionen, die ins politisch Oppositionelle oder wenigstens Unkontrollierte abgleiten konnten. Man wollte die Kontrolle behalten, und daher wurde aus unserem Plan mit der Schauspielertruppe nichts.

Wolfgang Heinz hat Sie an die Volksbühne geholt.

Ja, die Berühmtheit. Wir waren natürlich stolz, in der Nähe eines so großen Mimen zu sein, denn er war zugleich Chef der Berliner Schauspielschule. Aber was heißt Nähe? Wir Studenten haben seine Leitungsarbeit immer etwas drastisch so gekennzeichnet: Der Herr Professor kommt alle sechs Wochen, lässt einen fahren und geht wieder. Also: Er nahm alle sechs Wochen das Vorspiel ab. Das sah dann so aus: Er schob die Brille hoch, machte die Tischlampe aus, der Vorhang ging auf, er saß so da, hat aber gar nicht richtig hingeguckt. Dann spielten wir um unser Leben, dann ging der Vorhang wieder zu, dann machte er seine Lampe wieder an, und dann brüllte er los. Dies war das regelmäßig sich wiederholende Ritual. Nun muss man freilich sagen, dass es ein Hochgenuss war, Wolfgang Heinz brüllen zu hören und zu sehen. Das war ein Hochgenuss, auch wenn man selber die Angebrüllte war. Diese pralle, runde, volle Stimme! »Schauen Sie, meine Liebe ...«, so fingen seine Reden immer an. Er mäanderte sich ins Unermessliche, wie man so schön sagt, er legte sich herrlich farbige Girlanden um die eigenen Worte. Bei diesen Auswertungen des jeweiligen Vorspiels war immer das gesamte Studienjahr anwesend, und wir machten uns einen Spaß daraus, diesen barocken Schauspieler Wolfgang Heinz immer noch ein weiteres Mal zu bitten, das eben Gesagte zu wiederholen, denn wir hätten es noch nicht verstanden, und dann ergoss sich erneut dieser volltönende, so vollendet runde Redestrom über uns, und es gefiel uns ausnehmend, wiewohl wir auch bübisch lächelten, wie sich dieser Theaterprofessor zu unserem Vergnügen so wohlig spreizte. Aber immerhin: Unsere szenischen Vorspiele hatten Charakter und Stil. Alljährlich gab es ein Sportfest mit der Leipziger Theaterhochschule und der Babelsberger Filmhochschule, unsere Jungs waren ganz gut beim Fußball, ansonsten aber holten wir kaum Siege nach Berlin – einzig unsere Bühnenauftritte sahnten ab! Bei einer der Szenen, in denen ich mitspielte, sah ich im Publikum auch jenen Dozenten, der mich bei meiner ersten Bewerbung für ein Schauspielstudium, in Leipzig, abgelehnt hatte. Jetzt amüsierte er sich köstlich. Ich musste schwer an mich halten, am liebsten hätte ich ihm, von der Bühne herunter, etwas gesagt, bei dem ihm das Lachen weggeblieben wäre.

Sind Sie, die gesamte Laufbahn überblickend, die Erfolgreichste Ihres Studienjahres geworden?

Sie können jede Frage stellen, ich muss nicht jede beantworten. Diese zum Beispiel beantworte ich nicht. Was soll so eine Frage? Ich wüsste gar nicht, wie ich anständig auf diese Frage antworten könnte. Wie ist das messbar, was Sie da wissen wollen? Sie wollen mich in die Eitelkeitsbekundung hineintreiben.

Wer war in Ihrem Studienjahr? Sind bekannte Namen darunter?

Mit dabei war Klaus-Peter Thiele, der noch während des Studiums bei der DEFA die Titelrolle spielte im großen Erfolgsfilm »Die Abenteuer des Werner Holt«. Ich selber spielte während des Studiums schon im »3. Stock« der Volksbühne, die Anna in Max Frischs »Biedermann und die Brandstifter«. Ja, mit wem studierte ich? Da war zum Beispiel Siegfried Höchst, später einer der bestimmenden Regisseure in Potsdam und auch in Berlin. Merkwürdig, was mir jetzt in den Kopf kommt: Eine Mitstudentin, die Helga Kapelle, versuchte, sich aus Liebeskummer umzubringen. Jürgen Rothert, jahrelang Schauspieler an der Volksbühne, bis weit in die Castorf-Zeit hinein, hat sich erschossen. Günter Meier, ein großer rothaariger Kerl mit einem Schnurrbart, der brachte sich auch um. Alle aus meinem Studienjahr! Insgesamt waren wir zu Beginn des Studienjahres fast dreißig Studenten, das reduzierte sich im Laufe der Zeit, und dann verloren wir uns in der Weite der wirklich vielen Theater in der DDR.

Die Anna in Frischs »Biedermann« – Sie wurden, noch Studentin, sofort anerkannt von den Kollegen der Volksbühne?

Sofort. Ich seh sie noch vor mir, den Edwin Marian, den Hans-Joachim Hanisch, die Ruth Kommerell, den Erich Brauer. Tolle Spielpartner. Die Anna geht ja als Figur gewissermaßen durchs ganze Stück, ich habe sie also alle erlebt, arbeitend. Hans-Joachim Hanisch hat mich auf der Bühne mal angeblafft, Anna muss ihm Eier bringen, alles steht auf dem Tisch, ich stehe in der Gasse, da brüllt er nach mir. Es steht so nicht im Stück, nichts war vereinbart, aber ich dachte, wenn er ruft, gehste halt mal hin. Er hatte das Ei geköpft, und es war schlecht. Er gab's mir und sagte: »Das Ei ist ungenießbar.« Ich wusste nicht, was ich machen und sagen sollte, ich stammelte nur: »Entschuldigung!« Bin raus mit dem Ei, aber in der Requisite hatten sie kein anderes. Von solchen kleinen Geschichten ist jedes Schauspielerleben voll. Ich erinnere mich auch deshalb ausgerechnet an das Ei, weil die Sache ja nur wegen meiner Anwesenheit unmittelbar in Bühnennähe funktionierte. Das scheint völlig aus den Gewohnheiten verschwunden zu sein, mir aber war es immer ein Bedürfnis, speziell als junge Schauspielerin: in der Gasse zu stehen und zuzuschauen, was die Kollegen tun, wie sie spielen, sich an ihnen, ja: beglücken, Teilnahme zeigen am Spiel, das doch immer ein gemeinsames ist. Heute gehen die Schauspieler, wenn sie gerade nicht dran sind, meist in die Garderobe und warten, bis sie wieder gerufen werden. Die Gassen laufen nicht mehr Gefahr, überfüllte Orte der Neugier und des Staunens zu sein.

Diese Max-Frisch-Aufführung war übrigens die erste Gelegenheit für meine Eltern, mich als Schauspielerin zu sehen. Die Inszenierung lief im Fernsehen. Die Eltern gingen zu Bekannten, die einen Apparat hatten, und sahen mich. Von da an waren sie beruhigt – und stolz. Und sie sahen fast alles, was ich spielte, bis sie dann Anfang der achtziger Jahre in ihr Pilgerheim in den Westen zogen. Sie sind dann mal, nach einem Besuch hier, so erbärmlich gefilzt worden bei einer Wiederausreise, dass sie nie wieder in die DDR kommen wollten. Alte Leute, die aus dem Zug gezerrt wurden. Mein Vater musste daraufhin ins Krankenhaus, Angina Pectoris brach bei ihm aus, er hatte sich zu sehr aufgeregt, das Herz ertrug die Schikane nicht, Schikane wegen nichts und wieder nichts.

Hatten Sie je Angst, auf eine große Bühne zu gehen?

Ob groß oder klein: Ich wollte ja auf die Bühne!, deswegen war ich Schauspielerin geworden. Angst ... Bei meiner ersten Übernahme, in »Ravensbrücker Ballade« von Hedda Zinner, es war eine Verhörszene zu viert, wir trugen Sträflingskleidung – da bekam ich fürchterliche Angst. Denn die Übernahme musste, wegen Erkrankung einer Kollegin, sehr schnell gehen, quasi über Nacht. Ich bekam Bauchschmerzen und Durchfall, ich stellte mich daheim an den warmen Ofen und dachte: Bitte, nur das nicht! Es ging aber alles gut bei der Vorstellung, ich war selig. Solche Situationen einer schnellen Übernahme kamen des Öfteren vor, nach den Bauchschmerzen bei der »Ballade« hatte ich aber eine wohltuende Sicherheit erlangt, und ich merkte, ich kann Texte schnell lernen und mich rasch in ungewohnten szenischen Situationen zurechtfinden. In einem Gegenwartsstück von Hans Lucke spielte ich ein Mädchen, das mit dem Teufel verbandelt war, das Werk taugte nichts, aber die Arbeit machte trotzdem Spaß, weil ich in jedem Bild ein anderes Kostüm an- und eine andere Perücke aufhatte. Bei dieser Inszenierung bekam ich meinen ersten Autogrammbrief, er kam von einem Mann aus Weißenfels, und ihm hatte gefallen, dass ich in einer der Szenen sehr leicht bekleidet einem Wandschrank entstieg. Der Mann schrieb, er hätte sich unsterblich in mich verliebt.

Nach fünf Aufführungen musste das Haus erst mal geschlossen werden. Es gab keine Kohlen, Winter 1963. Ich fuhr nach Gera, zu meinen Eltern, drei Tage Pause waren anberaumt worden, diese Pause dehnte sich auf ganze fünf Wochen aus. Ich blieb in Gera, eine Cousine aus dem Westen kam, und das Schönste dieser Zeit bestand darin – so blöd war man mal –, dass ich ihre Klamotten durchs sozialistische Gera tragen durfte.

Die biografischen Anfänge ... Ihre gläubigen Eltern gingen nicht ins Theater, es galt ihnen als niedere Kunst. Eine Sparte so ganz anderer Gläubigkeit ist das, dabei aber ein Geschäft der Frechen, die alles auf den Kopf stellen, was Ordnung, Sittlichkeit, gebändigtes Verhalten betrifft. Und plötzlich hatte die Tochter gesagt, sie werde nach Berlin gehen und Schauspiel studieren.

Man kann sich vorstellen: Das war sehr bitter für meine Eltern. Zunächst hatte ich ihnen gesagt, ich wolle nur Rundfunksprecherin werden, da sehe man mich nicht. Wie schon angedeutet: Später revidierten sie ihr großes Vorurteil. Es ist interessant, meine Eltern waren Menschen mit klaren Vor- und Grundsätzen, aber wie sie zum Beispiel den Theaterbetrieb sahen – das verriet doch ihre leichte Beeinflussbarkeit durch oberflächlich urteilende Öffentlichkeit. Diese Öffentlichkeit spürte ich noch als Studentin, wenn ich zu Besuch nach Hause kam. Aus dem Gemeindeumkreis kamen diese scheelen, abwertenden Blicke, in denen aber auch ein kleines bisschen Neid steckte – die ist rausgekommen aus der Enge, die ist in der Welt, wir sind nur immer hier, und wir sind verdammt, hier zu bleiben, und man blickte, zum Selbstschutz, noch abfälliger auf mich. Ich habe dann mitunter zu meinen Eltern gesagt, ich würde nicht mehr mitkommen zu Gemeindeveranstaltungen, diese offene oder versteckte Distanz bestimmter Leute musste ich mir nicht antun.

Noch mal nach den Motiven für die Schauspielerei gefragt. Sie sagen, der Ruhmeswunsch war es nicht.

Stimmt. Ich wollte spielen. Ich wollte in diesem Beruf etwas leisten, das mir Freude bereitete, indem ich es möglichst gut machte. Ich wollte mein Talent bestätigt sehen, natürlich, ich wollte sehr bald wissen, ob da mehr war

als nur die Gabe zur Mittelmäßigkeit. Aber Berühmtheit, Popularität? Das war nie mein Punkt. Ich hatte
keine Ahnung, dass man die Theater einteilte in A-, B-
und C-Theater, das war mir wurscht. Ich habe es in meinem Leben stets mit dem Titel eines tschechischen Films
gehalten, der hieß: »Überall leben Menschen«. Das war
meine Haltung zur Welt. Ich fuhr in den siebziger Jahren mal nach Gera zu einem Klassentreffen. Ich erschrak,
denn ich erkannte niemanden mehr, ich musste sie alle
nach dem Namen fragen, Erinnerung und jetzige Gestalten stimmten nicht mehr überein. Nur mich erkannten
alle. Das war mir teilweise peinlich, weil sie mich, selbst
wenn sie mich inzwischen vergessen hatten, doch im
Fernsehen gesehen hatten. Es kam so ein Geweine auf,
das ich nicht verstand. »Du hast es geschafft«, sagten die
zu mir. Mein Gott, was sollte das bedeuten – in diesem
Moment war ich seltsamerweise nicht besonders stolz auf
meinen Beruf, nein, ich sah ihn deutlicher denn je in einer
Reihe mit den anderen Berufen, die eine ist Friseuse, die
andere Lehrerin, ich bin Schauspielerin. Ich habe mich
immer dagegen gewehrt, wenn jemand zu mir gesagt hat:
»Ich bin nur bei der Sparkasse oder bei der Bahn.«

Das ist nun wirklich kokett.

Nein, ist es nicht. Oder sagen wir so: Ich empfand mich
nicht herausgehoben, obwohl ich bekannt war. Eine ehemalige Mitschülerin weinte besonders heftig, »euch geht
es allen so gut«, sagte sie. Ein wenig verwundert schauten
wir nun doch, denn sie war in den Westen gegangen, dann
nach Amerika, und wir hatten gestaunt: Amerika! Jetzt
erzählte Brigitte, so hieß sie, wo sie arbeitete: am Fließ-
band einer Fast-Food-Küche, sie bereitete die Teller mit
den Fertigspeisen zu, sie gestand uns ihr Unglück, wo wir
doch gemeint hatten, sie käme direkt aus dem Paradies.

Sie sagen, es gab keine Angst vor der großen Bühne. Ist es Ihnen nie peinlich gewesen, auf die Bühne zu gehen? Man stellt sich als Außenstehender mitunter vor, dass jeder Schauspieler doch jeden Abend diese eine Sekunde überwinden muss, da ihm bewusst wird, was er da gleich tun wird: Er wird, als Erwachsener, vor Erwachsenen den Clown spielen. Boy Gobert sagte es, in seiner Garderobe im Hamburger Schauspielhaus sitzend: »Was mache ich hier eigentlich, ich setze mir eine rote Maske auf, klebe mir eine rote Nase an, ich bin geschminkt wie ein Arsch, ich seh aus wie ein Arsch, und gehe ich auf die Bühne und mach mich zum Arsch.«

Ja, so reden wohl alle Schauspieler hin und wieder. Das kommt schnell, und das geht schnell wieder. Schlimm ist ja erst, wenn man nicht zu dem Stück oder der Inszenierung stehen kann, in der man mitspielt. Nicht alles ist ein Meisterwerk. Da jeden Abend rauszugehen vors Publikum, kann bitter sein. Ich habe solche Momente zum Glück nur selten erlebt. Weil Sie nach der Angst fragten: Angst habe ich vor dem berühmten Blackout – plötzlich ist der Text weg, und du stehst da … Am besten ist jetzt, gar nicht darüber reden! Mir passierte es mal am DT, das Theater rief hochnervös an, ob ich die Marthe Rull im »Zerbrochnen Krug« übernehmen könne, wegen Krankheit einer Kollegin. Von heute auf morgen. Ich hätte Nein sagen müssen. Aber wie das so ist: Haus ausverkauft, der Lappen muss hochgehen. Also erklärte ich mich bereit, im Alleingang den Text zu lernen, es gab keine Probe mehr, nur eine kurze Verständigung mit den anderen. Und bei dem großen Monolog hat es mich dann »gerissen«, aus!, die Souffleuse sprach plötzlich lauter als ich, ich wäre am liebsten in den Bühnenboden versunken, nur öffnete der sich nicht. Ich sah die Kollegen zittern, irgendwann nach ein paar Ewigkeiten ging es dann weiter. Nach diesem Abend schwor ich mir: Das machst du nie wieder, und wenn man dich noch so bekniet – Solidarität, Einspringen ist Ehrensache, aber es geht um anständige Arbeit, die zu tun ist, und die bedarf einer gewissen Mindestvorbereitung. Seit jener Vorstellung am DT weiß ich, was Angst auf der Bühne ist.

Ich schämte mich natürlich über alle Maßen vor den Kollegen, deren Trost mir wenig half.

Keine Sehnsucht nach Ruhm. Das selbstausgestellte Autogrammfoto erzählt etwas anderes.

Ich kann es nicht beantworten. Ich weiß es nicht. Wir müssen da sicher vom Nachahmtrieb sprechen, von der Lust, in eine fremde Haut zu schlüpfen. Damit geht alles los, es sind nicht die geistigen Verlockungen, es ist nicht der Drang, ganz tief und wahrhaftig zu sich selbst zu gelangen, es ist einfach nur die Lust am Anderssein. Als Kind sah ich den Thälmann-Film von Kurt Maetzig, beide Teile, »Sohn seiner Klasse« und »Führer seiner Klasse«, mit Günther Simon. Da spielte Karla Runkehl mit, blond und jung und tapfer und gut. Sie hatte so einen Knoten im Haar, ich sah mir die Filme mehrfach an, wir gingen ja auch mit der Klasse oder im Ferienlager ins Kino, und irgendjemand flößte mir den idiotischen Glauben ein, ich sähe so aus wie die Runkehl – die übrigens eine kurze Zeit am Deutschen Theater war, sie starb ganz schlimm, an Gehirntumor. Irgendwann glaubte ich selber, ich Knirpsin sei wie die Runkehl, eine ganze Weile trug ich eine Frisur – mit Knoten. Und als ich zwölf war, gab es dann jenes Foto von mir, ich stehe da am Fluss, an der Elster, ein bisschen steif, aber mit einem Gesicht, das ganz locker und keck aussehen will, und auf dieses Foto schrieb ich, quer drüber, jenes erwähnte Autogramm: »Ursula Karusseit. Jetziger Beruf: Filmschauspielerin«.

Als hätte die Welt schon oft danach gefragt, und als sei das eine Künstlerpostkarte in hoher Auflage. Ich wusste gar nicht wirklich, was das ist, Filmschauspielerin.

Ins Kino durften Sie also gehen – da waren die Eltern milder gestimmt als beim Theater?

Allzu oft durfte ich auch nicht ins Kino, das Kino lag für meine Eltern ganz dicht am Theater. Verdorbene und verderbende Gegend also. Was ich mir immer wieder angeguckt habe, neben den Thälmann-Filmen: den DEFA-Film »Der Ochse von Kulm«. Es war die Zeit der Schul-Prüfungen, am späten Vormittag war meist alles vorbei, und damals begannen die Kinovorstellungen schon um elf, zwölf Uhr. Also: Prüfung und dann, schwupp, ins Kino. Nach dem »Ochsen von Kulm« schrieb ich meinen ersten Brief mit einem Autogrammwunsch, an Lore Frisch und Ferdinand Anton, das waren die Hauptdarsteller im »Ochsen«. Ferdinand Anton immerhin antwortete mir und legte eine Autogrammkarte bei. Aus Furcht vor der elterlichen Zensur hatte ich als Absender die Adresse einer Freundin angegeben. Leider war es inzwischen zum Krach zwischen uns beiden gekommen, sie nahm also den an meinen Namen adressierten Brief nicht an. Aber bei der Post arbeitete jemand aus der Gemeinde, Karusseit?, Empfänger unbekannt?, nein, man kannte doch eine Familie dieses Namens, vielleicht war der Brief an die gerichtet. So landete der erfüllte Autogrammwunsch auf dem Schreibtisch meines Vaters, und es folgte die Standpauke, die ich befürchtet und zu verhindern gesucht hatte. Er verbot mir weitere »Bitt- und Bettelschreiben« an »solche Leute«. Er konfiszierte den Brief von Ferdinand Anton und versteckte ihn. Irgendwann saßen wir im Wohnzimmer, und er schickte mich zu seinem Schreibtisch, ich solle die dort lose aufbewahrten Konsummarken holen, er wolle sie einkleben. Ich machte die Schublade auf, da sah ich den Briefumschlag mit meinem erwünschten Autogramm liegen, ich nahm ihn heimlich heraus und brachte ihn sofort in Sicherheit.

Wie würden Sie das Familienleben Ihrer Kindheit und Jugend beschreiben?

Wir waren eine sehr fröhliche Familie, sozusagen ein vielstimmiger Chor. Einer meiner Brüder hatte Klavier gelernt, und wir sangen nicht nur christliche Lieder, wir sangen Frühlings- und Winterlieder, die Jahreszeiten wurden heiter durchsungen, es gab ein großes Repertoire. Vater war stolz darauf, er griff zur Stimmgabel, und dann ging es los. Ich erinnere mich an tolle Abende, an wärmende Stimmungen. Weihnachten war es besonders schön, wir hatten einander wenig zu schenken, aber viel Vorfreude herrschte rund um den Eichentisch, die Kerzen am Baum waren noch echt, und die Dielen rochen nach frischem Bohnerwachs. Mein Vater brachte stets Krücken von Weihnachtsbäumen nach Hause, wahre Krüppel, versehrte Wesen, aber er verwandte sehr große Mühe und unendliche Geduld darauf, sie herzurichten. Mit dem Baum schleppte er weitere Äste herbei, und jetzt begann ein Schrauben und Basteln, er war gewissermaßen ein beseelter Weihnachtsbaumorthopäde, ein Schönheitschirurg am Tannenbaum, er transplantierte und montierte, er machte aus dem unansehnlichsten Gestrüpp ein schönes Gezweig, an dem die Kerzen wie gemalt aussahen. Wir alle hatten uns feingemacht, dann wurde gesungen, vierstimmig, die Schwester und ich Sopran, die Mutter Alt. Nach dem Stimmbruch hatten auch die Brüder Profil, der eine Bass, der andere Tenor. Der Vater auch Tenor. Es war ein großes Erlebnis jedesmal. Dann kam natürlich die Weihnachtsgeschichte dran, überm Eichentisch lag das Laken, das die mageren Geschenke abdeckte und verheimlichte, wir Kinder versuchten schon mal zu lugen, dann wurde gebetet, und als das Laken weggezogen wurde, schrien wir vor Freude. Da wusste das ganze Haus, bei Karusseits ist Bescherung, und alle bei denen freuen sich noch über die kleinste Kleinigkeit. Meine Mutter haute geradezu um sich, wenn sie sich freute, sie nahm, wenn ihr das Herz überlief, sofort jeden in Beschlag, der neben ihr stand. Sie hatten mich gar nicht so konkret nach dem Weihnachtsfest gefragt, aber ich bin ganz selbstverständlich drauf gekommen, weil es zwar ein Höhepunkt des Jahres war, aber doch nur in gesteigerter Form von dem erzählt, was auch den Alltag unserer Familie bestimmte. Musik verändert alles, was zwischen Eheleuten oder Eltern und Kindern und zwischen den Kindern selbst geschieht.

Sie haben eben begonnen, Ihre Mutter zu beschreiben …

Meine Mutter hieß Frieda, wurde aber Fritz genannt. So hieß übrigens mein Vater. Aber nicht deswegen hatte sie diesen seltsamen, unweiblichen Kosenamen. Fritz ist kurz und bündig und schnell ausgesprochen. Fritz klingt wie Blitz, und meine Mutter war schnell, sie war flink, sie flitzte immer umher, schon als junges Mädchen, und das behielt sie auch später bei. Wenn Gäste kamen, war sie nicht zu stoppen in immerwährender Wieselei und Wuselei, ein ununterbrochenes Entgegenkommen und Wünscheerfüllen und Freundlichsein. Wenn es galt, jemanden zu bewirten, lud sie sich wie ein Füllhorn der Beflissenheit über dem Betreffenden aus. Sie hat sogar den Teppich hochgehoben, um darauf aufmerksam zu machen, dass sie leider nicht mehr dazu gekommen war, darunter auch noch Staub zu saugen. »Gucken Sie mal«, sagte sie, »bei mir ist es jetzt nicht so sauber, also gucken Sie sich lieber nicht um!« So redete sie gern, übertrieben entschuldigend. Meine Enkeltochter übrigens heißt auch Frieda, nach meiner Mutter. Aber sie wird nicht Fritz genannt. Sie ist ja auch noch nicht so schnell. Sie ist erst drei.

Meine Mutter hat mich, wenn ich zu Dreharbeiten fuhr, oft unterstützt. Bei »Wege übers Land« hat sie ihren Mann wochenlang allein gelassen in Gera, um hier bei mir zu sein, in der kleinen Neubauwohnung am Strausberger Platz. Sie kam mit an die Drehorte in Mecklenburg, mein Sohn Pierre war ein Dreivierteljahr alt. Sie interessierte sich sehr für meine Arbeit und war von einer ansteckenden Neugier. Der Vater versorgte sich indes allein, er war sowieso der Einkäufer in der Familie, er war in seinen Prinzipien und Maßstäben weit strenger als die Mutter. Wenn ich die beiden einschätzen soll, denke ich an Goethe: »Vom Vater hab ich die Statur / Des Lebens ernstes Führen, / Vom Mütterchen die Frohnatur und Lust zu fabulieren.«

Ihre Geschwister haben beruflich nichts mit der Kunst zu tun?

Nein, nichts. Mein großer Bruder, der auch hier in Senzig wohnt, war Vermessungsingenieur, er hat an der TU in Dresden studiert. Mein kleiner Bruder wohnt in Schleiz, er lernte Klavierbauer, studierte dann Bauwesen und war Betriebsleiter im Tiefbau-Kombinat Schleiz, später arbeitete er als Direktor der Kommunalen Wohnungsverwaltung und war nach der Wende eine Weile selbstständig, im Bauwesen. Meine Schwester lebt in Weida bei Gera. Sie lernte Tierpflegerin, war lange Zeit Tiergehege-Leiterin in Gera, dann Museumsführerin. Sie lebt jetzt sehr glücklich, kriegt zwar nur eine kleine

Rente, auch ihr Mann, aber sie sind froh, nicht mehr auf diesem Arbeitsmarkt mitrennen und mithasten zu müssen, der die Menschen merklich unleidlich macht und so viele nur noch die Tage und Jahre zählen lässt, bis man's endlich hinter sich hat.

Waren Sie ein dominantes Kind, gegenüber den Geschwistern, gegenüber anderen Kindern?

Ich habe zwei Brüder – die waren dominant. Wie das so ist bei Jungen, die ärgern mit Vorliebe ihre eigenen Schwestern. Ich war die mittlere, mein großer Bruder ist drei Jahre älter, dann komm ich, dann kommt mein kleiner Bruder, der ist gerade mal ein Jahr jünger als ich. Und die Kleine, die war eine Petze. Als mich ein Junge abholte, wir gingen ins Kino, hat sie meiner Mutter gesteckt, ich hätte deren Abwesenheit zur Singstunde ausgenutzt und ihre Strickjacke angezogen, um anzugeben. Die Kleine wurde immer ein bisschen benutzt von den Brüdern – gegen mich.

Haben Sie mit Puppen gespielt?

Ich hatte eine einzige Puppe, nach der Flucht, ihr waren die Augen schon ins Innere gerutscht. Für die Puppendoktorin, die ich gern gab, eine ideale Voraussetzung: Die Puppe war tatsächlich krank.

Schlugen Sie mit Ihrem Temperament, das schließlich in die Schauspielerei mündete, doch irgendwie aus der Art der Familie, speziell der Geschwister?

Wie gesagt, wir waren alle sehr laut. Wenn wir uns trafen, ging es turbulent zu, es wurde gestritten, mit Emphase, und die Kraft der Argumente hing sehr an der

54

Kraft der jeweiligen Stimme. Es wurde häufig durcheinander geredet. Es war alles sehr lebhaft und eigentlich, für fremde Ohren und Augen, furchtbar. Keiner kam richtig zu Wort. Zum Teil ist das noch heute so. Nein, mit dem Temperament hat es wohl nichts zu tun, dass ausgerechnet ich Schauspielerin wurde. Damit kommt man dem Beruf ohnehin nicht näher. Ich kenne ganz schüchterne Menschen – betreten sie aber eine Bühne, sind sie andere Wesen, wie ausgetauscht.

Kann man, allein nach Ihren Erzählungen vom Theater, sagen: Ihre Eltern sind sehr prüde gewesen? Ich glaube, das Wort »prüde« fiel vorhin schon.

Prüde! Aber wie! Beide! Sie waren schon fünf Jahre verlobt, da musste mein Vater, wenn sie mal baden waren, noch immer zuerst ins Wasser gehen, und er durfte sich nicht umdrehen, damit er nicht sehen konnte, in was für einem Badeanzug seine Verlobte ins Wasser ging. Und sehr weit ging sie sowieso nicht hinein, sie konnte bis zu ihrem Tod nicht schwimmen. Meine Mutter ließ sich mit zwölf Jahren taufen, mein Vater mit achtzehn Jahren. Sie waren strenggläubige Baptisten, unheimlich keusch. Keiner von beiden ging je fremd. Ob sie Sehnsüchte danach hatten, weiß ich nicht. Mit Benno Besson hatte meine Mutter mal einen Disput über Religion und das Weiterleben nach dem Tod. Sie stellte ihm die Gretchenfrage: Glaubst du an Gott? Und da hat er geantwortet: »Na ja, Mutti, das steht doch schon in der Bibel – wo zwei oder drei in meinem Namen versammelt sind, da bin ich mitten unter ihnen; da wird es wohl so sein, dass es ihn gibt, ich selber freilich glaube trotzdem nicht dran.« Da schaute sie ihn lange an, und ihr Schweigen sagte: Du wirst schon noch dran glauben, spätestens, wenn auch du dran glauben musst. Meine Mutter war derart keusch, dass sie stark anfällig war für bestimmte Witze, über die sie dann lauthals lachen musste – und bei jeder Gelegenheit aufs Neue. Vor allem einen Witz gab es, den musste ich immer wieder erzählen. Selbst als ich schon in Berlin studierte und zu Besuch nach Gera kam und sie zufällig gerade ihr Kaffeekränzchen hatte, hieß es verschämt und zugleich lüstern: Ursel, erzähl mal.

Nun erzählen Sie mal!

Ein Mädchen kommt zum Arzt und sagt: »Ich habe Bauchschmerzen, mir ist ein Schreibtisch auf den Bauch gefallen.« Da antwortet der Arzt: »Es wird doch wohl kein Sekretär gewesen sein.« Blöder Witz, aber für meine Mutter das fortwährend große Lacherlebnis. Wenn in der Frauenrunde, lauter Gemeindemitglieder, peinlich berührende Stille eintrat, sagte meine Mutter dann gespielt vorwurfsvoll: »Aber Ursel!«

Sie sagen, Sie seien eine Spätentwicklerin gewesen.

Meine Eltern waren liebe, liebe Menschen. Aber sie witterten nicht nur am Theater, sie witterten, wie ich eben sagte, überall die Unmoral, und sie behüteten mich, und wenn es überhaupt mal zu der seltenen Situation kam, dass ich eine gelangt kriegte, dann vor allem wegen solcher Verdächtigungen, ich würde in die falschen Kreise geraten. Die Anlässe waren aber banal und die Ängste völlig unbegründet. Wir waren als Schülerinnen im Kino, mit zwei Jungs, und danach sind wir zu meiner Cousine, die war, nun ja, ein wenig männerscharf, in den Augen meiner Eltern nicht der richtige Umgang für mich, und meine Tante Trude sagte aufgeregt, meine Eltern würden mich bereits suchen. Als ich nach Hause kam, gab es schon unten an der Haustür eine Ohrfeige, und die zwei Stockwerke hinauf zu unserer Wohnung glichen einem Spießrutenlauf. Beim zweiten Mal, als ich eine Ohrfeige bekam, war ich schon zwanzig und hatte bereits die Prüfung an der Schauspielschule bestanden. Ich war wieder mal im Kino gewesen, stand dann aber mit dem Jungen, der mich begleitet hatte, nach Maßgabe meiner Eltern zu lange vor der Haustür. Vom Erkerfenster aus hatte mich meine Mutter kommen sehen. Irgendwann rief es streng von oben: »Ursel!« Ich ging hoch, sie hatte von innen die Kette angelegt, ich kam nicht rein. Also musste ich klingeln. Sie stand hinter der Tür, und ich wusste natürlich, dass sie hinter der Tür stand. Als sie mir die Ohrfeige gab und mir die lange Zeit vorhielt, die ich aus dem Haus gewesen war, musste ich das erste Mal richtig lachen. Es war das erste Mal, dass ich mich völlig entgegengesetzt zu den Verhaltensvorgaben der Eltern benahm. Die Mutter forderte Einkehr und Beschämtheit, ich dagegen lachte, wie man nur lachen kann. Ganz verzweifelt schaute sie mich an, und ich sagte ganz ruhig: »Mutti, ich geh weg, ich geh nach Berlin.« Aufstand einer Spätentwicklerin.

Nach der Grundschule hatte zunächst alles auf eine brave Sachbearbeiterinnen-Existenz hingedeutet.

Genau. Ich lernte zwei Jahre auf einer Berufsschule für Wirtschaft und Verwaltung. Es gab nur eine einzige freie Lehrstelle, die Schule lag genau neben der Berufsschule, an der mein Vater arbeitete, und er sorgte emsig dafür, dass ich dort angenommen wurde. Er ahnte wohl, dass meine guten Literatur-Noten und mein Drang, ab und zu laut ein Gedicht aufzusagen, mich in die bedrohliche künstlerische Richtung ziehen könnten. Er leitete sozusagen Vorsichtsmaßnahmen ein, und also lernte ich

Schreibmaschine, Stenografie, Politische Ökonomie und all diese Dinge. Danach kam ich in die Maschinenfabrik WMW Union Gera, und zwar in die Abteilung Einkauf. Dort setzte ich mich mit meinen erlernten Fertigkeiten für ordentliche Amtsschreiben hin und verfasste meine Bewerbung zunächst für die Theaterhochschule Leipzig. Zu Hause besaßen wir ja gar keine Schreibmaschine, und außerdem konnte der Brief im Betrieb nicht von den Eltern abgefangen werden. Dort gab es auch ein Kabarett, es interessierte mich, ich machte mit. Einmal traten wir bei der Nationalen Front auf, es ging in dem Programm auch gegen die Kirche, im Publikum saß ein Gemeindemitglied, ich kam nach Hause, da saß schon wieder Tante Trude da, und ich wusste, was die Stunde geschlagen hatte. »Ich bin so enttäuscht von dir«, sagte meine Mutter, »du weißt, dass wir gläubige Menschen sind – und dann so etwas.« Ich blickte nur Tante Trude an und wunderte mich, dass sie nicht umfiel, denn mein Blick sollte töten.

Können Sie sich an Ihr erstes Gehalt erinnern?

217 Mark, glaube ich. Ich habe meinen Eltern 50 Mark als Kostgeld abgegeben. Später arbeitete ich in der Sozialversicherungskasse, bearbeitete die Renten und hatte auch einmal in der Woche Schalterdienst, da verdiente ich 359 Mark.

Aber da hatten Sie Ihre Schauspiel-Bewerbung längst schon abgeschickt.

Da war ich schon in Leipzig gewesen, ich hatte, wie gesagt, die Lady Milford einstudiert. Eine Freundin aus dem Kabarett war mitgekommen, in der Dachstube ihrer Großmutter hatten wir uns auf dem Herd Brotscheiben geröstet und Text gebimst. Sehr überzeugt von uns, fuhren wir nach Leipzig. Nur, damit ich dort erfuhr, nicht geeignet für den Beruf zu sein; es hieß, alles an meinem Vorspiel sei zu äußerlich gewesen, aber man wünsche mir das Beste im Leben. Dann sind wir zum Oberspielleiter am Geraer Theater, sprachen ihm vor. Er machte uns Mut für die Berliner Schule, meinte aber, wenn es dort nicht gelingen würde, sollten wir es aufgeben.

Wir nahmen noch eine weitere junge Frau mit, die Barbara Bachmann, die später lange Zeit alle großen Rollen in Cottbus spielen würde – und es klappte, auf Anhieb. Barbara Bachmann arbeitete in einer Bücherei, ich sagte zu ihr: »Ich weiß, Sie haben schon dreimal die Aufnahmeprüfung versaut, kommen Sie doch noch mal mit.« Sie ließ sich tatsächlich überreden. In Berlin wohnten Barbara und ich dann gemeinsam in einem möblierten Zimmer. Sie ist die Mutter von dem Filmregisseur Andreas Dresen und mit dem Theaterregisseur Christoph Schroth verheiratet.

Wenn man das alles so hört, muss Ihre Mutter, muss Ihr Vater wirklich gelitten haben – seltsam, wie oft sich Kinder, um Schauspieler zu werden, gegen den Willen der Eltern durchsetzen müssen …

Und immer passierten mir irgendwelche tragikomische Geschichten. Eines Tages war Bezirkspremiere in Gera für einen DEFA-Film, »Bevor der Blitz einschlägt« von Richard Groschopp, mit Manfred Krug und Dieter Perlwitz. Ich kann mich noch an den dicken Kinobesitzer erinnern. Ich ging zur Premiere, hinterher war eine öffentliche Feier, ich hatte den Mut, Manfred Krug um ein Autogramm zu bitten. Da forderte der mich doch tatsächlich zum Tanzen auf, ich erzählte ihm ganz stolz und aufgeregt, jetzt auch bald Schauspielerin zu werden, und er schrieb mir auf die Autogrammkarte ganz tolle Komplimente. Später fuhren alle zu Frau Jacobi, der Besitzerin einer Tanzschule, auch ich wurde eingeladen, vor der Tür standen die Pkws der DEFA, ich sagte, ich müsse meinen Eltern aber eine Nachricht hinterlassen, man fuhr bei mir daheim vorbei, mein Vater und meine Mutter waren zur Singstunde, ich schrieb auf einen Zettel: »Macht euch keine Sorgen, bin bei Frau Jacobi.« Was ich Naive nicht wusste: dass diese Dame und ihre Tanzschule einen äußerst fragwürdigen anrüchigen Ruf in der Stadt hatte – es war, als hätte ich meinen Eltern aufgeschrieben: »Bin auf der Reeperbahn!« Bis früh um sieben saß ich als Statistin in dem Etablissement herum, sah nur immer, dass Frau Jacobi wegging und nach einer halben oder Dreiviertelstunde wiederkam und ein anderes Kleid anhatte. Die ganze Nacht beobachtete ich dieses Kostümfest. Nur der Schauspieler Dieter Perlwitz saß noch da, wir machten es uns am Radio gemütlich, tranken etwas Sekt, und morgens rauschte die Korona wieder los. Ende des DEFA-Ausflugs in die Provinz. Es war der Vorabend des Republikgeburtstages gewesen, nun wurde es hell, es war 7. Oktober, und die ersten NVA-Soldaten marschierten auf, um sich auf die Parade vorzubereiten. Die standen genau vor unserem Haus, mir war das peinlich, also versteckte ich mich, wartete, bis die weg waren und kam also noch später bei meinen Eltern an. Manchmal spielt das Schicksal alle neune: Nicht nur, dass ich bei Frau Jacobi gewesen bin – auch der Brief aus Berlin war eingetroffen, die Bestätigung von der Schauspielschule. Mein Vater empfing mich mit der Nachricht, meine Mutter habe wegen mir eine Herzattacke bekommen. »Du willst wirklich zur Schauspielschule?« Ich: »Ja.« Er: »Auch über die Leiche deiner Mutter?« Ich: »Ja.« Nach diesem knappen Bescheid brüllte ich den überraschten Mann an, er solle mich in

Ruhe lassen, und warf mich auf mein Bett. Es war ein Moment, da schienen alle Jahre aus Nähe und Liebe und Gemeinsamkeit wie weggeblasen, ich fühlte mich in der eigenen Wohnung fremd und fröstelte, als habe der eben erfolgte Wortwechsel am Nordpol stattgefunden. Das Fremdeln zwischen meinen Eltern und mir legte sich naturgemäß wieder, aber ich spürte doch, dass ich sie sehr enttäuscht hatte, ihr gesamtes Erziehungsprogramm, basierend auf Vertrauen und Güte, durchsetzt mit einer Strenge, wie sie jedem heranwachsendem Menschen entgegengebracht werden musste – das schien plötzlich alles umsonst gewesen zu sein. Ausgerechnet Schauspielerin! Es würde dauern, bis das wieder in Ordnung kam, aber freilich wurde alles wieder gut, und schließlich konnte ich meine Eltern von der Redlichkeit des Berufes und der Ernsthaftigkeit meiner Arbeit in diesem Beruf überzeugen.

Das Studium begann seltsamerweise im Januar, nicht schon unmittelbar nach den Sommerferien, ich fuhr also nach Berlin, Ende 1959. Mein erstes Silvester, das ich fern von zu Hause feierte. Meine Eltern hatten Bekannte in Westberlin, die ein Delikatessen-Geschäft besaßen, sie luden mich ein, baten mich, ihnen bei der Inventur zu helfen, schön, dachte ich, da kannst du dir ein paar Pfennige (West!) zuverdienen – sie bedankten sich auch sehr, sehr herzlich bei mir und schenkten mir in nicht zu überbietender Großzügigkeit einen Pfefferkuchen und eine Apfelsine.

Ich weiß auch nicht, ich habe in der Verwandtschaft drüben lauter solche Leute. Als meine Eltern mal in Westdeutschland waren, als Rentner, noch zu DDR-Zeiten, da halfen sie einer Cousine beim Hausbau. Der Lohn? Eine Tischdecke für die Mutter, irgendein Werkzeug für den Vater. Als meine Mutter siebzig wurde und schon im Westen lebte, war bei einer Verwandten Haus-

West Germans don't give as much!

61

besichtigung angesagt. Na, das kann ich leiden – anderen Leuten in die Häuser gucken, stinklangweilig. Ich guckte und guckte, damals dachte ich noch, ich selber würde nie auf die Idee kommen, ein Haus zu bauen – da könnte ich doch das Krematorium gleich daneben setzen. Hausbau, das war Zubetonierung des eigenen Lebens, so dachte ich – und hab nun auch eins. Jedenfalls tranken wir dann Kaffee, sie holt die Keksdose, öffnet sie, ich hole ein Kekslein heraus, und das war's: zack, wieder zu, die Dose! Das habe ich nie vergessen können, dieses seltsame Gebaren, so sind'se, dachte ich.

Noch gab es keine Mauer damals.

Als wir zu studieren begannen, mussten wir uns schriftlich verpflichten, nicht über die noch offene Grenze nach Westberlin zu fahren. Natürlich taten wir's trotzdem, und ich verlor da drüben meinen Ausweis. Kurz darauf wurde ich zur Schulleitung zitiert, der Ausweis, in dem meine Köpenicker Adresse stand, war, auf welchem Weg auch immer, in der Schule abgegeben worden. Ja, ja, sagte ich erleichtert, ich hätte ihn in der Schönhauser Allee verloren – leider stand auf einem beigelegten Zettel, ein Straßenkehrer habe ihn in Westberlin gefunden. Ich kriegte meine erste derbe Abreibung mit den entsprechenden Androhungen – man darf nicht vergessen, es war noch die Zeit des scharfen, unerbittlichen Stalinismus, man konnte auf der Bühne spielen wie ein Gott, aber ein politisches Vergehen konnte alles mit einem einzigen Schlag zunichte machen – denn von den Plakaten und Wänden schaute Genosse Gott mit dem mächtigen Schnauzbart, die ideologische Peitsche wurde ziemlich lautstark geschwungen. Man machte mir deutlich, dass so etwas wie mit dem Ausweis nicht allzu häufig vorkommen dürfe.

Können Sie sich noch an den 13. August 1961 erinnern?

Ich war Studentin, spielte aber schon an der Volksbühne, im »Theater im 3. Stock«. Mit Piet Drescher, einem Jungen aus meinem Studienjahr – er bildete später mit Hartwig Albiro ein erfolgreiches Regie-Duo –, sind wir in der Nähe des Künstlerclubs »Möwe« an die Grenze gegangen und wollten rüber. Einfach so – mal ausprobieren, was noch ging, nachdem die Nachricht vom Mauerbau sich rumgesprochen hatte. Natürlich wurden wir aufgegriffen, kamen in ein Kabuff am Brandenburger Tor, dort lagen die Soldaten dösend herum, einer schmierte Stullen, wir begriffen noch immer nicht den Ernst der Lage und wollten auch etwas zu essen haben. Man verhörte und entließ uns. Das glimpfliche Ende eines blöden Streiches. Hinterher malten wir uns aus, was passiert wäre, wenn wir zwar nach Westberlin gekommen, beim Rückweg aber auf die nun befestigte Grenze gestoßen wären …

Der Schriftsteller Günter de Bruyn beschreibt in seinen Erinnerungen das Berlin lange vor der Mauer, als die Stadt noch den Charme der Vorkriegszeit hatte: »… denn endgültig wurde dieser erst durch Abriss und Wiederaufbau zerstört. Der Kurfürstendamm war trotz seiner Ruinen noch immer die elegante Meile; in der Friedrich- und der Oranienburger Straße lagen die Tanzlokale und Bars noch immer dicht beieinander; der Alexanderplatz hatte noch seine menschlichen Maße und seine Umgebung, die schmalen Straßen, in denen man winzige Kinos schon vormittags aufsuchen konnte; und die Gassen des Scheunenviertels waren zwar nicht mehr von Juden, über die keiner reden mochte, aber doch, wie zu Döblins Zeiten, von Huren belebt …«

So intensiv habe ich Berlin natürlich nicht erlebt und wahrgenommen. Die Stadt war offen, die Grenze leicht überwindbar. Nach der bestandenen Eignungsprüfung an der Schauspielschule war ich das erste Mal »rüber« gegangen, die Luft roch anders, aber mehr als die äußeren Erkennungszeichen einer anderen Welt ist mir nicht bewusst geworden, und ich habe mir zum Beispiel über die politische Besonderheit Berlins keinerlei Gedanken gemacht. Ich weiß nur, dass ich sofort berlinerte. Ich kam nach Berlin – und berlinerte! Ohne große Umstellung. Als könne man so etwas ein- und ausschalten. Ick wollte ooch so sin wie de Berliner. In Mecklenburg hatte ich Plattdeutsch gesprochen. Meine Eltern sprachen Hochdeutsch, und in Thüringen wurde mit dem thüringischen Slang geredet. So holte ich mit der Zeit auch durch, dass die Thüringer keine Sachsen sind und auch nicht Sächsisch sprechen.

Sie haben mal gesagt, das heutige Berlin sei nicht mehr Ihr Berlin. Was meinten Sie damit?

Ich erkenne so wenig wieder. Ich bin nicht beteiligt an den Veränderungen. Es sind die Pläne Fremder, die da in Stein und Beton in Erfüllung gehen. Ich sehe so wenig Bürgersinn in den Bauten, die da hochschießen. Die Stadt scheint vor allem einen Hauptfeind zu haben: den Baum. Wo etwas grün ist, muss es einem neuen Geschäfts-Center weichen. Meine Erinnerungen wehren sich dagegen, das Neue gut zu finden, nur weil es das Neue ist. Meine Schlichtheit bedrängt mich – nehmen Sie die Schauspielschule, das war mal ein Bootshaus, und es fanden da die tollsten Sachen statt. Dann wurde die Fachschule zur Hochschule, ein kalter Neubau ersetzte den alten Ort, die Atmosphäre war weg. Ich sage nicht, es soll stur das Alte bewahrt werden, bis nur noch Kalk rieselt, aber ich frage mich schon, warum das Moderne immer nur automatisch das weniger Anheimelnde sein muss.

War Berlin für Sie damals, Sie waren ein junges Mädchen, eine Überforderung – diese große Stadt?

Na ja, Gera, wo ich herkam, war schließlich kein Taigadorf. Also ein bisschen wusste ich schon, dass auf einer Straße viele Autos hin- und herfahren. Ich kam nicht aus der Einöde. Aber merkwürdig war schon, dass man als Berliner nie von der gesamten Stadt sprach. Man kam nicht aus Berlin, man kam aus Schöneweide oder Pankow oder Köpenick. Man war ungemein kiezorientiert, und ich bewegte mich da kaum raus. Es gibt ein Titelfoto von mir, auf einer alten NBI, der »Neuen Berliner Illustrierten«, da stand ich am alten Alexanderplatz, an einer Bushaltestelle, es war da nicht mein Name drunter geschrieben, sondern nur: »Junge Leute am Alex«. Das war so ein propagandistischer Versuch, die Stadt zu einer Stadt aller zu machen, die DDR-Propaganda mochte ja nicht so sehr das Regionale, den Stolz auf die enge Heimat. Das sah wahrscheinlich zu sehr nach Flucht oder Rückzug aus, man fürchtete, dort würden die falschen, die nationalistischen Werte gezüchtet. Ich sage das nur, um zu verdeutlichen: Der Berliner ist ein Kiezmensch, man fuhr von Köpenick nach Mitte wie in eine andere Stadt. Wobei wir viel ins Zentrum fuhren, wegen der Theater.

Ich wohnte in Oberschöneweide gemeinsam mit Barbara Bachmann. Wenn wir von da draußen nach Berlin-Mitte fuhren, benahmen wir uns in der S-Bahn immer, als müssten alle Leute uns junge Spunde kennen. Wir palaverten laut über Schauspielerei, wir hatten es geschafft, und wir taten inbrünstig albern, als wären wir schon zwei Berühmtheiten. Innerhalb von zwei Jahren bin ich damals siebenmal umgezogen. Einmal wohnte ich in einer Erdgeschosswohnung, der Strom kam von den Vermietern über mir. Wenn ich abends von der Schule kam, war es saukalt, ich benutzte zusätzlich eine Heizsonne. Die fraß viel Strom, daher wurde mir der irgendwann vom Vermieter abgedreht. Also ging ich mit Handschuhen und Mütze ins Bett und heulte vor mich hin. So sahen mich meine Eltern, als sie mich besuchten. Ich sehe ihre Blicke und höre ihren Satz: »Na, das wolltest du ja so.« Ich brachte sie dann zum Bahnhof, sah die Rücklichter des Zuges und heulte.

Die ideologische Peitsche, von der Sie vorhin sprachen – wie spürten Sie die an der Schule?

Nach einer gewissen Zeit kam die Auflage, eine Hausarbeit zu schreiben, zu einer gesellschaftswissenschaftlichen Frage. Wer diese Arbeit nicht schaffte, das war die klare Prämisse, würde unweigerlich die Schule verlassen müssen, unabhängig vom schauspielerischen Talent. Und wen traf es? Mich! Zwar lieferte ich die formal sauberste Arbeit ab, ich konnte ja auf der Maschine schreiben, ich heftete die Manuskriptseiten mustergültig, band noch Schleifchen drum, aber alle Form nutzte nichts, ich hatte das Thema offenkundig völlig verfehlt.

Welches Thema?

Das weiß ich nicht mehr, mir war das Thema schon damals schnell aus dem Kopf, wahrscheinlich hatte es gar nicht erst den Weg hinein gefunden, es muss entsetzlich unwichtig, uninteressant und trocken gewesen sein. Die Arbeiten wurden an uns Studenten im Unterricht mit wahrhaft dramaturgischem Aufbau zurückgegeben, erst die miesen Zensuren und dann die Steigerung bis hinauf zu den Bestnoten. Ich war gleich dran, bis zur Unterrichtspause bin ich geblieben, dann war Schluss, Kurzschluss sozusagen, ich stand auf und ging, es verlief alles wie automatisch. Ich habe den Schlüssel einer Ladenwohnung, die ich demnächst mit einer Kommilitonin beziehen wollte, bei einem anderen Studenten in den Briefkastenschlitz geworfen, es klackte in diesem Blechkasten gleich einem kleinen Schlusspaukenschlag, dann fuhr ich zum Bahnhof und kaufte mir eine Fahrkarte nach Hause. Ich war entschlossen, nicht das Ende des Schuljahres abzuwarten, nicht einmal das Ende der Unterrichtsstunde hatte ich abgewartet, ich würde nie wieder in die Schule zurückkehren. Nur weg, und zwar sofort! Die Welt war eingestürzt, aber ich nahm es seltsam gelassen hin, alles lief wie in Zeitlupe ab, ich ergab mich ins Schicksal und hatte nur noch Sinn für äußere Vorgänge und Vorkehrungen, die jetzt zu absolvieren seien: Fahrkarte, Blick auf den Fahrplan, einsteigen, losfahren. Ich war noch nicht im Zug, aber doch schon abwesend. Da traf ich zufällig zwei Studenten aus dem dritten Studienjahr, zwei Wesen aus einer Welt, die schon nicht mehr meine war, sie mussten meine totale Körperlosigkeit bemerkt haben, ich bewegte mich wie ferngesteuert, als sei ich in Trance, nichts berührte mich mehr ... Nicht mal meine Tränen hatte ich mehr gespürt, ich wurde erst wieder daran erinnert, dass ich ein lebendiger Mensch mit sehr bestürzten Gefühlen war, als der eine sagte: »Mensch, Mädel, warum weinst du denn?« Aha, ich weinte. Ich sagte, was geschehen war, die sagten, nichts werde so heiß gegessen und so weiter, sie zogen mich weg von meinem fest beschlossenen Abschiedsplan, wir fuhren nach Westberlin in den Zoopalast, da lief »Jungfrauenquelle« von Ingmar Bergman, ein Film, den ich als brutal in Erinnerung habe, mein Katzenjammer verschwand, allerdings nur für zwei Stunden.

Sie sind nach Gera zurückgefahren.

Ja, nichts und niemand konnte mich trösten, und als ich bei meinen Eltern ankam, lagen zwei Telegramme für mich auf dem Tisch. Eines stammte von einer Professorin, das andere vom Rektor, Rudolf Penka, der trug Stahlplatten im Gesicht, im KZ hatten sie ihm fast den Kopf zertreten. Er schrieb: »Komm zurück, man kann über alles reden.« Die beiden hatten sich wohl für mich stark gemacht, hatten den Lehrer, der für Gesellschaftswissenschaften zuständig und eine Macht war, zur Mäßigung bewegt. Bis dahin war es ein Gesetz an der Schule gewesen, gegen das es selbst der Rektor schwer hatte mit Einwänden und Ausnahmeregelungen: Wer diese Hausarbeit versäbelt, gehört nicht an diese sozialistische Schule! Aber ich wollte doch gar nicht Gesellschaftswissenschaftlerin werden, ich wollte mich zur Schauspielerin ausbilden lassen! Und da waren meine Leistungen doch gut. So müssen Penka und die andere Professorin auch geredet und beschwichtigt haben. Jedenfalls durfte ich bleiben. Ich fuhr zurück nach Berlin.

Wurde der Fall noch einmal öffentlich gemacht?

Nein. Auf leisen Sohlen betrat ich die Schule. Wahrscheinlich hat mich aber noch etwas anderes vor der Exmatrikulation bewahrt – manchmal ist die Tragik fremden Lebens ausgerechnet dem unglücklichen Menschen ein Helfer. Eine Studentin hatte kurz vorher aus Liebeskummer einen Selbstmord versucht, sie konnte zum Glück gerettet werden, ich fand sie, wir brachten sie in die Charité – ich glaube, ich erwähnte das schon mal. Die Schule war natürlich in heller Aufregung, und im Schatten dieser Turbulenz wuchs mir Rettung zu: Denn als ich plötzlich, nach dem Debakel mit der Hausarbeit, verschwunden war, dachte man, ich könnte eventuell zum gleichen Mittel greifen, und schickte die erlösenden Telegramme. Also, ich öffnete beim Szenenstudium sehr leise die Tür, die Dozentin sah mich, sie rief: »Nun aber Tempo, rauf auf die Bühne!«, und es wurde probiert, als sei ich nie weg gewesen. Ich weiß noch genau, es war eine Szene aus dem sowjetischen Gegenwartsstück »Irkutsker Geschichten«. Die Arbeit ging weiter, es wurde nicht mehr über den Fall gesprochen. Nach vierzehn Tagen absolvierte ich eine mündliche Prüfung in Gesellschaftswissenschaften, habe mit Ach und Krach eine Vier abgefasst, damit war die Sache endgültig erledigt. Meine Stimmung besserte sich rasch, und selbst wenn ich nach Ablauf des ersten Jahres doch noch hätte gehen müssen – jetzt sagte ich mir: Na und?!, gelernt hast du in diesen Monaten eine Menge, es wird dir nützen. Ist die Stange zu hoch – dann eben drunter durch.

DAS ZWEITE GESPRÄCH

über

Weichteile im Gemüt
Genüsse und Gene
Briefpost von Manfred Krug
Diskussionen in Dubna
Bauernstiefel im Bolschoi
Einsprüche gegen »Sezuan«
Lehrer Huber im Zuber
Nationalpreise mit Einschränkung
Robert und die Würstchen

Nach der Verleihung der Nationalpreise 1968 im Amtssitz des Vorsitzenden des Staatsrates: Walter Ulbricht im herzlichen Gespräch mit den Hauptdarstellern des Fernsehfilms „Wege übers Land"
Foto: ND/Schönfeld

»Es ist ein muntrer Klub beisammen« (Goethe): Nationalpreisver-
leihung bei Walter Ulbricht – die Titelseite des »Neuen Deutschland«

HELMUT SAKOWSKI
Eine Huldigung (1968)

Da sitzt der Autor, nachdem er Szene um Szene entworfen und zerrissen und wieder geschrieben hat, da sitzt er also eines Tages vorm Schreibtisch und malt sich aus, wie das, was er geschrieben hat, auf dem Bildschirm aussehen könnte.

Papier hat er beschrieben, sehr viel Papier.

Nun braucht er Mittler, die seinen Texten Leben geben, Gesicht, Stimme, Geste.

Da sitzt der Autor also und starrt in die Luft.

Wer macht das für dich?

Seinen Regisseur kennt er, Martin Eckermann. Aber wer spielt diese Gertrud. Jahrelang hat er an der Gestalt herumgedoktert, kennt sie genau. Jahre der Arbeit. Und nun der Gedanke, die Frage: Wer macht das?

Ein großer Augenblick.

Und nun gestattet er sich einen Anflug von Überheblichkeit und schaut sich sozusagen mal um, unter den Töchtern des Landes: Wer die Wahl hat, hat die Qual.

Der Autor überlegt.

Ihm fällt eine Theateraufführung ein, die er gesehen hat, vor Jahren schon, ein Stück von Viktor Rosow, »Am Tage der Hochzeit«.

Auf der Bühne stand ein Mädchen, jung noch, wohl eben von der Schauspielschule entlassen, aber eine Persönlichkeit schon, eigenwillig, schwer einzuordnen nach irgendeinem geläufigen Theaterbegriff. Originell jedenfalls, kraftvoll und im Besitz einer nur unzulänglich in Worte zu fassenden Ausdrucksfähigkeit – Ursula Karusseit.

Als der Name genannt wird, sind Regisseur und Dramaturgin sofort einverstanden.

Die Karusseit wird gefragt. Und sie nimmt an. Fast ein Jahr hat die Schauspielerin an der Rolle gearbeitet. Nun ist das Ergebnis der Arbeit in der Welt. Dialoge, auf Papier geschrieben, Situationen, Haltungen, am Schreibtisch ausgedacht, sind umgesetzt in Schauspielkunst, von jedermann zu betrachten und zu beurteilen.

Der Autor weiß nicht, was die Kritiker sagen werden.

Aber er weiß, wie nahe die Schauspielerin Karusseit seiner Vorstellung von der Figur gekommen ist, wie oft ihre Darstellung identisch ist mit seiner Vorstellung, und er weiß, wie oft sie mit ihrer Kunst übertroffen hat, was er sich nur vorstellen konnte.

Da hat sich der Autor beispielsweise bei jener Szene im Pferdestall, als Leßstorff der Gertrud Habersaat den Laufpass gibt, gedacht, die Schauspielerin müsste im Augenblick tiefster Demütigung und Demütigung schreien: »Hör auf!«

Und genauso hat er seine Regieanweisung geschrieben. Der Regisseur Martin Eckermann hat das gestrichen. Und die Karusseit rutscht an dieser Stelle zusammen, sie ist in diesem Moment wie ohne jeden Halt, und sie flüstert die Worte nur: »Hör auf …«

Da ist sie besser als ihr Autor. Da hat sie ihn korrigiert.

Der Autor weiß nicht, was die Kritiker sagen werden.

Aber er hält die Karusseit für die ideale Besetzung.

Sie ist stolz, hochmütig, manchmal bis zur Kälte.

Sie ist weich und verwundbar.

Sie ist zickig, wenn sie den Antrag des Nazis Kalluweit zurückweist.

Sie ist zärtlich, wenn sie liebt.

Sie spricht, wenn sie Hilflosigkeit ausdrückt, mit einem Kinderstimmenton.

Sie hat eine Stimme wie ein Fuhrmann, wenn sie nach der Dienstmagd ruft.

Sie ist jung und alt.

Sie ist schön und hässlich.

Sie ist traurig und lustig.

Sie geht wie eine Königin über den Hof.

Und sie latscht müde übers Feld.

Und sie kann es sich leisten, ganz einfach zu sein. Sie macht nichts im äußerlichen Sinne. Sie ist unerhört schlicht.

Der Autor hält es für ein Ergebnis von sehr viel Kunst, wenn Leute, die seine Filme betrachtet haben, von der Karusseit sagen (und manche wollen das als Kritik verstanden wissen): Sie wäre nichts Besonderes. Sie wirke wie irgendeine Frau aus der Nachbarschaft. Sie ist nicht vergleichbar, der Wessely, der May oder der Tempelhof. Sie ist vergleichbar, der Frau von um die Ecke. Größeres kann eine Künstlerin kaum erreichen.

Da hat der Autor also Berge von Papier beschrieben, um ein Stück zu machen. Nun schreibt er zuletzt ein paar Zeilen als Huldigung an seine Hauptdarstellerin.

HELMUT SAKOWSKI
(1924 bis 2005), Schriftsteller,
lebte in Wesenberg, Autor der
Fernsehromane »Wege übers Land«
und »Daniel Druskat«.

HANS-DIETER SCHÜTT: Hat Sie in Ihrer schauspieleri-
schen Existenz je diese übermäßige Abhängigkeit belastet,
der man in Ihrem Beruf ausgesetzt ist? Sie können, um Ihr
Wort von vorhin aufzunehmen, spielen wie ein Gott – am
Ende aber kann das Detail einer Typ-Frage alles entschei-
den: Regisseure besetzen nach Eigenarten, gegen die ein
Schauspieler, eine Schauspielerin machtlos sind. Aura ist
Schicksal.

URSULA KARUSSEIT: Mich hat das nie sonderlich bewegt. Hinzu kam, dass ich mich als junger Mensch gern
und willig unterordnete, nicht aus Feigheit, nein, ich
wollte lernen und fühlte mich sehr lange in der Rolle
einer Lernenden. Die kleinste Rolle war mir groß genug,
um eine nächste hilfreiche Erfahrung zu machen. Wolfgang Heinz engagierte mich an die Volksbühne, er sagte
den Regisseuren, da sei ein junges Talent, um das müsse
man sich kümmern, und dann spielte ich, was das Zeug
hielt. Die Abhängigkeit, von der Sie sprechen, spürte ich
nicht, ich durfte ihr immer mit Arbeit zuvorkommen.
Ich habe viel Glück gehabt, und ein Teil dessen ist meinem Naturell geschuldet, oder eher gedankt. Ich hatte
einen grundsätzlichen, unantastbaren Spaß am Theater, der mir allerdings – als Zuschauerin – im Lauf der
letzten Jahre, das muss ich gestehen, verloren ging. Ich
gehöre noch zur Generation, die Geschichten erzählen,
sie nicht zerstören, zertrümmern, verlachen wollte. Ich
kann die Heuchelei nicht mitmachen: Man langweilt
sich fünf Stunden und jubelt dann über eine tolle Aufführung, weil da fünf Monitore auf der Bühne standen
und zwölf Nackte mit Aldi-Beutel in der Hand Klassi-
ker-Texte vor sich hin stammelten.

Frau Karusseit, ist Ihnen das Älterwerden gelungen?

Darüber habe ich nie nachgedacht, muss ich zugeben. Als ich sechzig wurde, kamen alle meine Geschwister, und wir feierten auf dem Grundstück hier in Senzig ein herrliches Fest, wir sangen und freuten uns, und die Zahl »sechzig« spielte gar keine Rolle. Jetzt bin ich siebzig, und plötzlich denkt man darüber nach, dass nicht mehr viel Zeit ist. Du kannst sie nicht ausrechnen, der Tod verrät dir nichts, aber er wird nicht mit sich handeln lassen, das wissen wir. Man muss nur einen Zollstock in die Hand nehmen, die hundert Zentimeter, davon siebzig weg, na, da kommst du schon ins Grübeln, wenn du die lütte Strecke siehst. Damit misst du keine große Welt mehr aus. Aber ich hatte eigentlich nie Lust, über so etwas nachzudenken, und ich will mich auch jetzt nicht bedrängen lassen. Mein Sohn ist nun schon zweiundvierzig, die Zeit vergeht rasend, aber den Momenten, den Augenblicken kann man eine gewisse Ewigkeit anträumen. Das Theater ist ja ebenfalls die pure Vergänglichkeit, und sie macht den Kitzel des Ganzen aus.

Haben Sie je bereut, Schauspielerin geworden zu sein? Ich frage es auch im Hinblick auf Enttäuschungen, auf unerfüllte Träume, gerade im Alter?

Nein. Ich merke nur, dass mich Dinge interessieren, die mich früher kaum bewegten und von denen ich jetzt weiß: Eine Beschäftigung damit bleibt unerfüllter Traum. Architektur zum Beispiel, wie man ein Haus zum Leben bringt. Dafür hatte ich früher keinen Nerv. Oder der besagte Wald, der uns hier umgibt: Welche Balance braucht es zwischen Wildnis und Ordnung? Ist doch sehr, sehr spannend. Ich entdecke immer mehr Geheimnisse des Lebens, und muss doch bald gehen … Ich habe diesen Beruf gern ausgeübt, ich übe ihn gern aus. Das Altersproblem ist zum Teil ein objektives. Es wimmelt in der Weltdramatik nicht gerade von älteren Frauen. Auch habe ich nie an gar zu hochgesteckten Träumen gehangen, so konnte ich nicht verbittern, wenn sie nicht Realität wurden. Aber ich habe den für mich richtigen Beruf ergriffen. Dieses Gefühl schafft aber den Zweifel nicht vollständig ab. Wir haben auch Weichteile im Gemüt, und je älter man wird, umso poröser wird mitunter das Selbstbewusstsein: Ach, hättest du nicht was Sinnvolleres tun können? Immer nur auf eine Bühne gehen und den Leuten was vormachen, geschminkt und kostümiert? Solche Gedanken gibt es, sie fliegen dir zu, du kannst dich nicht dagegen wehren, aber zum Glück, sie fliegen auch wieder weg.

Was halten Sie von dem Spruch »Dem Mimen flicht die Nachwelt keine Kränze«?

Er sagt die Wahrheit. Wenn man von der Bühne abtritt, wird noch ein paar Tage traurig, melancholisch über einen geredet, dann ist das Leben stärker und rückt wieder in den Mittelpunkt. Wie viele meiner Kollegen oder Kolleginnen habe ich schon zu Grabe getragen. Eines Tages bin ich selber diejenige, welche ... Wie gesagt: Ich bin schon noch gerne auf dieser Erde. Aber man hat nichts selber in der Hand.

Darf ich zu diesem Thema ein paar Sätze zitieren? Der Schauspieler Sepp Bierbichler hat sie aufgeschrieben: »Ich bin nicht der Auffassung, dass das, was auf dem Theater geschieht, gespeichert und einer Nachwelt zur Verfügung gestellt werden muss. Sondern ganz im Gegenteil. Der ephemere Charakter des Theaters ist gleichzeitig auch Teil seiner Einzigartigkeit, genauso wie seine Unwiederholbar-

keit und der daraus resultierende Zwang zu seiner stän-
digen Erneuerung; genauso wie seine Unmittelbarkeit, die
heute Livecharakter heißt; genauso wie seine mit nichts zu
vergleichende Kraft, die dieser Unmittelbarkeit entspringt
und die vielleicht ›allein dem Mythos entstammt‹ (Jean
Genet). In meiner Überzeugung bleibt das Theater nur
lebendig, wenn es nicht vergleichbar ist mit seinem Wirken
in der Vergangenheit. Wenn es immer wieder neu gefunden
werden muss, anstatt aufzubauen auf Gewesenem. Damit
unterscheidet es sich von den anderen Künsten. Und es soll
und muss sich unterscheiden, sonst sind seine Tage gezählt.
Auf diese Leidenschaft und Verteidigungsbereitschaft tref-
fen Sie bei mir. Ich will nicht, wie Sie es zitierfreudig einer
Rezension des Bayrischen Rundfunks entnehmen, in mei-
ner ›flüchtigen Kunst vor dem Vergessenen bewahrt wer-
den‹. Nein. Sondern ich bin bereit, in diesem Sinn für das
Theater sterben zu wollen, unauffindbar zu sein, wenn ich
weg bin, damit niemand sich messen kann an mir, weil er
glaubt, ich hätte Maßstäbe gesetzt: Es gibt in diesem Sinn
keinen Maßstab auf dem Theater. Es ist unvergleichlich,
auch im Misslingen, und so soll es bleiben ...«

Wunderbar.

Natürlich auch wunderbar traurig.

Ich will nicht wissen, was morgen sein wird. Wollte ich
es herbeigrübeln, würden mir nur dunkle Gedanken
kommen, die ich nicht haben will, weil sie mir dann
schon den heutigen Tag verfinstern. Reicht nicht, wenn
sie morgen kommen? Ich habe immer alles auf mich
zukommen lassen, mitunter kam Böses auf mich zu, Bitteres, Enttäuschendes, klar, wie sollte es anders sein, und
wer könnte schon gänzlich anderes über sich und sein
Leben sagen.

Bitteres, Enttäuschendes … Auch, dass die Ehe mit Benno Besson in die Brüche ging?

Ich führe ein gutes, beglückendes Leben mit meinem Mann Johannes, mit dem ich schon lange zusammen bin. Aber möglicherweise hätte mein Leben eine ganz andere Bahn genommen, wenn wir zusammengeblieben wären, Benno und ich. Wahrscheinlich wäre es ein ganz auf die Bühne konzentriertes Leben geblieben. Das war ja bei ihm so, und das wurde zu unserem Problem. Er spielte immer. Er spielte sein Leben lang. Er wollte auch nie mit jemandem allein sein, es waren immer viele Leute um ihn herum. Ich glaube, das hat er dem Brecht nachgemacht. Ich war vielleicht auch zu kleinbürgerlich für ihn, und ich wollte Familie und Beruf unter einen Hut kriegen – das habe ich freilich nicht geschafft. Meine Mutter musste sich mit einmischen, in die Erziehung meines Sohnes. Vier Wochen nach der Geburt von Pierre – andere sind da im Schwangerenurlaub – ging ich schon wieder auf die Bühne, bei einem Gastspiel in Rumänien. Vielleicht ist auch daran unsere Ehe kaputtgegangen: Ich fand keinen wirklichen Zugang zu dieser leidenschaftlichen Einseitigkeit in der Kunst.

Ich bin ein Mensch, der noch andere Dinge als das Theater schön findet. Ich kann entspannen, ich kann die Arbeit vergessen, ich kann mich mit den Augen und den Händen in diese herrliche Natur hier, wo wir jetzt sitzen, vergraben. Ich freue mich, dass ich am Wald wohne, dass ich Hunde habe, die immer noch leben trotz ihres hohen Alters, dass ich einen Kater habe, der auch nicht viel jünger ist, wir sind hier, meinen Mann ausgenommen, ein richtig tolles Altersheim! Ich habe gern Besuch, ich koche gern. Neulich hatten wir Kesselgulasch, da ruft man die Nachbarn herüber, lädt ein paar Freunde ein, das ist doch toll. Wobei ich einschränken muss: Als ich in der Stadt lebte, besaß ich nicht so'n ausgefeiltes Gespür für die Natur. Das kam erst hier draußen. Natur kommt immer wieder, aber man selber verlässt das alles eines Tages. Die Sonne, die Sprühschauer, die Weite, der Himmel. Deshalb möchte ich das so oft wie möglich genießen. Ich bin glücklich, dass ich von einigen Menschen wirklich gebraucht werde, natürlich auch, dass ich noch arbeiten darf – und ich erlaube mir, wenn ich an Arbeit denke, den Traum von anspruchsvollen Aufgaben. Obwohl ich auch Realistin bin und durchaus mit Klarheit sehe, was noch möglich ist und was nicht. Ich denke, diese Lebensart ist vom Elternhaus geprägt worden, insofern – unser Thema, Herr Schütt! – ist vieles wirklich unabhängig von einem selbst: Man wird von seinen Genen auf die Bahn geschickt und kann nichts dagegen tun. Ich glaube, bei Tschechow steht das: »Nur einmal war ich glücklich – unter dem Sonnenschirm.« Auf der einen Seite ist das die pure Langeweile, und man fragt sich, wie das einen Menschen glücklich machen kann, andererseits trifft dieser Satz genau das, was ich zusehends auch empfinde: In den scheinbar kleinen Dingen liegt der wahre Schatz unserer Existenz. Schauen Sie doch nur hinaus ins Freie!

Wir hatten übrigens hier drin schon alle möglichen Pflanzen, sogar solche armen Geschöpfe, die sonst immer in Büros herumstehen, wie Wesen, die man zu »lebenslänglich« verurteilt hat. Selbst Palmen! Habe ich alles rausgeschmissen, ich brauch hier drin nichts, ich hab alles da draußen. Und wissen Sie was? Orchideen streiken bei mir, die halten sich hier nicht. Obwohl ich vor zwei Jahren in Dresden gebeten wurde, eine Patenschaft über eine Orchideen-Sorte zu übernehmen, sie erhielt meinen Namen. Wahrscheinlich spüren diese Pflanzen, dass ich mit ihnen nichts Rechtes anfangen kann, sie gehen dann lieber ein.

»Nichts Schöneres unter der Sonne«, sagt Ingeborg Bach-mann, »als unter der Sonne zu sein.«

Sehen Sie, ja, das ist es.

Familie bedeutet Ihnen viel. Die Familie war auch immer wirklich – eine Familie.

Wenn ich höre oder lese, in welcher Häufigkeit heut-zutage Familien zerrüttet sind, dann kann ich nur, wem auch immer, danken: Bei uns gab es das nie. Wir Ge-schwister hielten stets zusammen, auch nach dem Tod der Eltern.

Fühlten Sie sich in der DDR als Star?

Nein. Außerdem nannten wir das nicht so. Sicher auch aus blöder Bescheidenheit. Rolf Ludwig sagte mal zu mir, da war ich noch eine totale Anfängerin am Theater: »Der Boleslaw Barlog hätte aus dir eine zweite Johanna von Koczian gemacht.« Damals wusste ich gar nicht, wer das war und was das bedeutete. Heute ist jeder, der ein-mal über den Bildschirm flattert, ein Star. Deshalb gehe ich mit diesem Begriff sehr vorsichtig um. Stars waren für mich solche Leute wie Gina Lollobrigida, Sophia Loren, Anthony Quinn, Jean Gabin, Simone Signoret und Yves Montand. Wir waren Provinzler, wir kamen doch nie wirklich raus. Und im Westen interessierte sich niemand für uns, daher sind wir nach dem Ende zu einem beträchtlichen Teil die großen Unbekannten aus dem Osten geblieben. Es gab damals ... damals ... wie ich rede!, fast hätte ich gesagt: zu meiner Zeit ... aber es ist schon wahr, es ist ein neues Jahrhundert, und meine Generation hat wohl wenig Chancen, sich wirklich mit ihm anzufreunden. Also damals in der DDR gab es noch keine Mediengesellschaft, wie heute. Und die Medien in der DDR, mein Gott, das war nun wirklich ein besonders trockenes Gelände. Aber es hatte auch was Gutes – man kam nicht in die Verlockung, der Welt alles mitzuteilen, was einem so durch die Rübe rauschte. Der ideologische Filter war entsetzlich, aber nicht jeder Privatkram ging in Umlauf. Das hatte zur Folge, dass man in der Öffentlichkeit irgendwie bescheidener mit sich selber umging. Es gab die landläufigen »Werkstattgespräche«. Das klang schon mal gut, nämlich nach Arbeit und Rechtschaffenheit. Die »Berliner Zeitung« veranstaltete mal ein solches Werkstattgespräch mit mir. Daraufhin schrieb mir Manfred Krug einen Brief an die Volksbühne: »Liebe Usch, du schreibst im Interview höchst klug, Bewusstsein komme von Wissen. Könnte man also auch sagen: Bepuschtsein kommt von Pissen? Es ist nicht weiter schlimm, ich meine nur so, Dein Manfred.« Ich dachte erst, das habe ein Pennäler geschrieben und sich den Namen von Manfred Krug nur ausgeborgt. Aber der hatte tatsächlich so eine Kinderschrift. Später fragte ich ihn, er bejahte, den Brief geschrieben zu haben. Er fand mich unangemessen hochtrabend und gestelzt und »klugscheißerisch« in diesem Gespräch.

Sie waren immer diszipliniert?

Die Frage verstehe ich nicht. Ich war Schauspielerin, Disziplin und Verlässlichkeit sind oberstes Gesetz, wie bei jeder anderen Arbeit auch. Am Theater ist es doch nicht anders als bei Lokführern oder Verkäuferinnen. Wenn der Laden aufmacht, muss die Kasse besetzt sein. Punkt. Wobei man manchmal durchaus die Nase voll hatte. Beim »Bürgergeneral« von Matthias Langhoff und Manfred Karge – die hatten aus einem kleinen Stück Goethes einen ganzen langen Abend gemacht – waren viele Schauspieler zur Statisterie verdammt. Wir waren das Volk, und wir waren Menschen, die im Regen standen, tatsächlich regnete man uns in jeder Vorstellung voll – und dann kamen wir wie die begossenen Pudel auf die Bühne. Ich fuhr also regelmäßig von Köpenick ins Berliner Zentrum, um mich einmal vollregnen zu lassen und auf die Bühne zu gehen. In solchen Augenblicken darf man sich nicht dazu verführen lassen, ausgiebig über den Beruf nachzudenken.

Welches Bewusstsein hat ein Schauspieler von seinem, sagen wir: Werk? Er sieht sich nie.

Ein Architekt sieht das Haus, das er gebaut hat. Der Schauspieler ist wie ein blinder Maler.

1968 lief »Wege übers Land« im Fernsehen – zu jener Zeit blieb es nicht bei der Ausstrahlung solcher Filme, es folgten doch sicher zahlreiche Zuschauergespräche, Foren mit dem Filmteam, vieles in der Art von quasipolitischen Schulungen.

Ich bitte Sie, von Schulung würde ich nun überhaupt nicht reden, obwohl solchen Gesprächen natürlich gern und beflissen ein propagandistischer Anstrich gegeben wurde. Das stimmt schon. Aber hauptsächlich waren es doch schöne Begegnungen mit interessierten, aufgeschlossenen Menschen, die sich für unsere Arbeit und einen großen Stoff interessierten. Einmal waren wir in Moskau, führten dort zwei oder drei Teile des Films vor, in unserer Botschaft – dann fuhren wir nach Dubna, zu den Atomphysikern aus der DDR, die dort arbeiteten. Es war spannend, die Wissenschaftler erzählten uns von ihren politischen Konflikten, von ihren Unzufriedenheiten mit dem Sozialismus, es war wie in einer vertrauensvollen Gemeinschaft, diese klugen Leute zogen geradezu vom Leder, keiner nahm ein Blatt vor den Mund, es ging bei dieser Diskussion ehrlich und unverblümt zu. Später erfuhren wir, dass der dortige Abteilungsleiter quasi weg-rationalisiert worden sei. Da hatte jemand von unserer Delegation, zurückgekehrt nach Berlin, sofort Bericht er-stattet. Was wir als ehrlich bezeichneten, nannten andere offenbar eine Nestbeschmutzung. Helmut Sakowski, der Autor, war Mitglied des Zentralkomitees, solche Diskus-sionen konnten die offenbar nicht durchgehen lassen. Das gab es halt auch, und diese tückischen Petzereien bleiben eine Schande. Aber weil es freilich immer auch andere Erlebnisse gab, die einen aufbauten und die mit Menschen verbunden waren, die sich redlich, selbstlos und leidenschaftlich für bessere Verhältnisse einsetz-ten – deshalb kam das innere Befinden, das Seelische, auch nach bitteren Erfahrungen wieder in eine Balance, die Mut gab. Auf dieser Reise nach Moskau war übrigens auch Besson mit, ihn interessierte die Sowjetunion, er war noch nie in Moskau gewesen, er hatte seine Reise privat bezahlt, na ja, und natürlich fuhr er auch meinet-wegen mit. Wir haben gesagt, in diesen vier Tagen müssen wir drei Dinge gemeinsam schaffen: Metro fahren, Pirog-gen essen und Taxi fahren. Und im berühmten Kaufhaus GUM war ich auch noch! Zu den Atomphysikern durfte der Schweizer Regisseur des Welttheaters freilich nicht mit. DDR-deutsche Piefigkeit.

Lenin wollten Sie nicht sehen?

Das muss man nicht erwähnen, das Mausoleum gehörte zum Pflichtprogramm, auf das ich durchaus neugierig war. Als Delegation entfiel für uns das lange Anstehen an der Kreml-Mauer. Zu Lenin durfte Besson natürlich mit. Und im Kreml-Palast sahen wir das Bolschoi-Ballett, ein

Hochgenuss. Was mich faszinierte: Schon beträchtliche Zeit vor Beginn der Aufführung sah man die Menschen heranrennen, in Scharen, und so wie diese Leute aussahen, vermutete man in ihnen überhaupt keine Theaterbesucher. Bäuerinnen vielleicht, Arbeiterinnen, die von der Schicht nach Hause zu gehen schienen, aber doch nicht ins Ballett. Und dann rannten sie doch tatsächlich in den Kreml-Palast, sammelten sich an den Garderoben und zogen dort ihre Gummistiefel, ihre teils klobigen Straßenschuhe aus, schlüpften in mitgebrachte feine Schuhe, sie verschwanden, alltagsgraue Wesen, in den Toiletten und kamen als prachtvolle Feiertagsmenschen zurück. Das war beeindruckend für mich, wie sie sich für die Kunst verwandelten, wie sie sich jetzt für ein paar Stunden in ein anderes Leben hineinträumen würden, das konnte man als große, berückende Vorfreude beobachten. Auf den Rolltreppen fuhren sie hinauf, und weil sie so schnell und vorzeitig losgestürmt waren, sich umzuziehen, hatten sie nun noch etwas Zeit, saßen in den Wandelgängen dieser Kreml-Herrlichkeit und stimmten sich ein. – Also, ich muss schon sagen, mit »Wege übers Land« verbinde ich tolle Erlebnisse.

Von dem Fernsehroman »Daniel Druskat«, mit Manfred Krug, Hilmar Thate und Ihnen, sollte es, nach der Wende, eine Fortsetzung geben.

Helga Korff-Edel, die Dramaturgin des Stoffes und Vertraute Sakowskis, hatte mir schon zwei Bücher geschickt. Wir dachten, Manfred Krug könne aufgrund seiner guten Verbindung zur ARD das Filmprojekt befördern. Als »Tatort«-Kommissar verfügte er doch über, wie sagt man heute?, eine Lobby. Connections! Er hat sich auch tatsächlich enorm eingesetzt. Aber das Thema interessierte niemanden von den Sender-Verantwortlichen im Westen. Die fürchteten wohl eine Fortsetzung des DDR-Fernsehens, dabei hätte diese Gefahr überhaupt nicht bestanden. Das ist ein kleines Beispiel für die Arroganz, die sich bemerkbar machte. Die Schicksale von Leuten im Osten zu zeigen, hätte zu differenzierteren Urteilen über das Leben vieler Menschen in den neuen Bundesländern geführt, diese Urteile wären in Widerspruch geraten zur gern betriebenen pauschalen Abrechnung mit der DDR.

Hatte sich die Atmosphäre der Dreharbeiten später bei »Daniel Druskat« schon verändert? Spürte man bereits Spannungen, Unverträglichkeiten, beginnende Einsamkeiten – also Vorboten jener Konflikte in der DDR, die mit der Biermann-Ausbürgerung und ihren Folgen dann den Höhepunkt erleben sollten?

Nein. Es war eine gute Arbeit, dem Manfred Krug war mal wieder eine Rolle auf den Leib geschrieben worden, das war schon eine Lust, dem zuzusehen. Nur eines hat mich manchmal geärgert, ja regelrecht zornig gemacht. Der Bursche verspürte wenig Lust, seine Texte zu lernen, und gegenüber den Technikern, die wahrlich wenig Geld bekamen, fand ich das von unserem Großverdiener Manne ziemlich unfair. Wobei ich nun gleich hinzufügen muss, dass der noch in seiner Faulheit ein verflucht charmanter Kerl war, dem konnte man nichts übel nehmen. Er wurde geplagt von Text-Ängsten, überall hatte er kleine Zettel zum Ablesen versteckt. Als wir die Hochzeit drehten, ich spielte seine Frau, da musste der Zylinder als Zettelkasten herhalten. Er gab Anweisungen, die Kamera so zu führen, dass man seine Schummeleien nicht sah. Er agierte fortwährend wie ein gewiefter Schüler, der sich für seine Prüfungen ein raffiniertes System von Spickzetteln anlegt. Es ist für den Zuschauer freilich nie-

M. Krug
Ist sie herzlich?

mals ersichtlich gewesen. Diese Faulheit war nicht neu. Besson erzählte, Krug habe im Berliner Ensemble mal in irgendeinem Stück einen Bänkelsänger spielen sollen, da hätte er solche Textschwächen und daher andauernde Unsicherheiten gehabt, dass Besson diese kleine Rolle dann selber spielte. Krug war von der Schauspielschule geflogen, weil er einem Musiklehrer die Gitarre auf den Kopf gehauen hatte.

Nun muss man am Theater vielleicht sowieso ein anderes Verhältnis zum Text haben als beim Fernsehen.

Klar, es ist natürlich ein Unterschied zwischen einem großen Fernsehroman und etwa einer Serie. »In aller Freundschaft« – da muss ich schnell lernen und ebenso schnell das »alte Zeug« wieder aus dem Kopf kriegen, also Platz schaffen für neuen Text. Bei meinen Theaterrollen habe ich immer wieder festgestellt, wie tief alles Einstudierte gespeichert war. Irgendwann in den achtziger Jahren saß mein Sohn mit mir in der Wohnküche in Köpenick, ich wusch ab, er hatte irgendwo mein Textbuch »Sezuan« gefunden, las ein wenig daraus vor, und mitten im Abwasch stieg ich ein, wir lasen das ganze Stück, als hätte ich am gleichen Abend noch Vorstellung. Da war es schon lange abgesetzt. Ab 1970 neun Jahre Spiel, 149 Aufführungen – das ist gar nicht so viel für die lange Laufzeit, aber alles war wie frisch und sofort abrufbar.

Abgesetzt wurde »Sezuan«, Bessons Inszenierung an der Volksbühne, wegen des Vetos der Brecht-Erben?

Ja. Barbara Brecht-Schall hat uns die Aufführung regelrecht weggenommen. Früher hieß sie bekanntlich Barbara Berg, weil sie dachte, sie würde eine große Schauspielerin, und sie wollte es sein ohne den Bezug zur berühmten Familie. Dann ergriff sie ihren eigentlichen Beruf: Clan-Chefin, und die beiden Namen. Schall und Brecht, wurden ihr zum Berufsausweis. Ich hatte eine Audienz bei ihr. Weil ich nicht wollte, dass das wie ein Privatgespräch aussähe, nahm ich Hildegard Alex mit, meine Schauspieler-Kollegin und Mitglied im Künstlerisch-Ökonomischen Rat der Volksbühne, KÖR genannt. In der Friedrichstraße klingelten wir, eine Ahnung vom Hochherrschaftlichen lag in der Luft, noch ehe wir ins Haus kamen. Natürlich betraten wir es erst, nachdem man uns gebührend lang warten ließ. Wer da sei, fragte eine quäkende Stimme, und Hildegard Alex knurrte: »Am liebsten würde ich jetzt sagen: ›Ich bin vom Hause Romanow, meine Lieben!‹, aber hier stehen ja nur zwei Gaukler von der Volksbühne.« Es empfing uns dann ein dickliches Dienstmädchen älteren Semesters, mit weißer Schürze. Das Öffnen der Tür gab einen Blick frei in Ekkehard Schalls Arbeitsraum, es blitzte und chromte, Sprossenwand, Hanteln, ein Sportstudio feinster Ausstattung, da war nichts, was man in der DDR hätte kaufen können. Der große Schall übte seinen Beruf bekanntlich mit obsessiver Körperlichkeit aus, hier also trainierte er seinen ungewöhnlichen, weltberühmten Manierismus. Wir gingen durch irrsinnig lange Flure. Viel Leder, viel Plüsch, viel Samt, viel Gardine, viele, viele Bücher, und alles strebte ins geheimnisvolle Dunkel, wie in einem Schauermärchen, wenn verunsicherte Kinder sich dem Zentrum des Dämonischen nähern. Eine Treppe war zu ersteigen, erlesenes Holz, auch nicht aus heimischen Wäldern oder Tischlereien, wieder langgezogene Gänge, wieder Samt und Plüsch. Und dann sie, zuerst die Stimme, wohl in ein Telefon: »Ach ja, hier sind jetzt zwei leitende Angestellte der Volksbühne, die wollen was von mir.« Barbara Brecht-Schall lag auf einem dunklen Holzbett, es war wie in einem kitschigen Film, sie lag auf dem

Bauch und wippte, und sie trug ein fürchterliches Flatterhemd. »Entschuldigt schon, entschuldigt schon«, flötete sie in grober Natürlichkeit, der Arzt habe ihr einen Tag Bettruhe verschrieben, sie müsse die Geschäfte vom Bett aus leiten. Wir saßen links und rechts von diesem Bett, auf Stühlen mit kleinen Hockern für die Füße. Vornehm ging unser »Sezuan« zugrunde. Das dickliche Dienstmädchen reichte jeder von uns ein Glas Cola mit Strohhalm. Solange diese Cola reichte, solange dauerte das Gespräch. Ich fragte unvorsichtigerweise, ob ich rauchen dürfe. »Nein!«, kam die heftige Antwort, und die Finger zeigten auf die Samtvorhänge.

Sie bemühen sich sehr um Ironie und Distanz und ziehen dafür recht äußerliche Dinge heran.

Ja, weil ich mich wahnsinnig über die Art geärgert habe, wie von diesem Erbe-Zentrum aus über andere künstlerische Mühen hergezogen und egozentrisch entschieden wurde, nicht erst in unserem Falle, und wir würden nicht die letzten Geschurigelten sein. Um nicht gleich auf den »Sezuan« zu kommen, sprachen wir bei jener Begegnung zunächst von dem Brecht-Programm, mit dem die Volksbühne erfolgreich auf Tournee ging. Wir fragten, ob wir bei jeder Einladung ins Ausland immer aufs Neue eine Spielerlaubnis einholen müssten. Nein, nein, sagte Barbara Brecht-Schall, nur eines müsse sie verweigern: Lieder aus Stücken Brechts. Na toll, sie verpasste damit dem Programm, das sie so leutselig »abgesegnet« hatte, einen heftigen Schlag. Natürlich hatten wir Songs aus Stücken dabei, allein, wenn man an die »Dreigroschenoper« denkt. Dann lieferte sie die Begründung: Einmal war sie mit »Papa und Mama« in Moskau gewesen – sie nannte Brecht stets, noch bei jedem offiziellen Anlass »Papa« –, und da waren sie im Theater, bei einer Operngala, und da trat der Ansager vor jedem Lied vor den Vorhang und kündigte an: »Jetzt hören Sie die Perle aus der Oper Soundso ...« Als Brecht, die Weigel und Tochter Barbara nach der Vorstellung draußen waren, sagte »Papa« nur: »Macht später bloß keine Perle aus mir!« Das musste als Begründung herhalten, um in unserem durchkomponierten, dramaturgisch aufgebauten Programm, das alles andere war als ein beliebiges Potpourri, künftig keine Schauspiel-Songs verwenden zu dürfen.

Warum wurde denn nun ein Veto gegen Bessons »Sezuan«-Inszenierung eingelegt?

Schall-Brecht sagte einfach nur, die Aufführung sei schlecht. Punkt. Die pure Willkür. Sie stotterte dann irgendwas von Göttern, die Pappköpfe trügen. Stimmt – das war aber der Stand der Generalprobe der allerersten Spielfassung. Besson hatte doch vieles uminszeniert, ein neues Bühnenbild war entstanden, weil Achim Freyer inzwischen in den Westen gegangen, das heißt, von einem Italien-Gastspiel nicht zurückgekehrt war. Der freche Bursche hat uns noch einen Koffer voller schwerer Telefonbücher hinterlassen, unser stellvertretender Intendant Dieter Klein schleppte diesen Koffer noch bis zum Bahnhof, die Telefonbücher waren Freyers Tarnung, es sollte so aussehen, als hätte er wie alle anderen seine Sachen für die Heimreise gepackt. Bis wir merkten, er hatte uns mächtig veralbert. Ich meine, wenn einer wegbleiben will, dann bleibt er weg, dann braucht er uns doch aber nicht noch in demütigender, täuschender Weise einen schweren Koffer mitzugeben.

Achim Freyer hatte die Ausstattung für »Der gute Mensch von Sezuan« erfunden, und die wurde offiziell als westlich dekadent abgestempelt. Am Deutschen Theater machte

Freyer die Bühne und die Kostüme für Adolf Dresens »Cla-
vigo«, wegen des »Sezuan« wollte ihm Hanns Anselm Per-
ten – der Rostocker Bonze als ungeliebtester Intendant in
der Geschichte des Deutschen Theaters – sofort kündigen.

Ja. Also: Frau Brecht-Schall – sie holte sich ihr Urteil
offenkundig aus ganz frühen Zeiten unserer Arbeit, und
selbst das war oberflächlich und kleinkariert. Aber sie
hatte die Macht, und sie interessierte nicht, dass inzwischen einige Rollen umbesetzt und Szenen ganz anders
inszeniert waren. Natürlich hatte sich nichts an der Seele
der Aufführung geändert – wahrscheinlich hat die Brecht-
Tochter das Clowneske gestört, das Masken-Werk, das,
was ihr »Papa« sicherlich Entfremdung nennen würde.
Darüber wurde damals diskutiert, aber das ist doch kein
Grund für eine Absetzung. Ich weiß noch, auch Angelica Domröse musste eine Umbesetzung übernehmen,
und sie fühlte sich ebenfalls eingeengt und ein bisschen
beschädigt, weil sie mit extrem ausgestopften dicken Beinen auf die Bühne musste. Als ich Brecht-Schall darauf
aufmerksam machte, dass die Inszenierung großen Erfolg
habe, auch im Ausland, erst jüngst waren wir in Italien
umjubelt worden, da antwortete sie: Das sei kein Kriterium, Brecht habe im Ausland immer Erfolg, egal, was
man aus ihm mache. »Ich weiß nicht, wie Sie zu Gefühlen stehen«, wagte ich einen letzten Einwand, »aber in
Holland standen 1400 Leute im Saal auf und applaudier-
ten.« Gefühle spielten hier überhaupt keine Rolle, war
die Antwort von Frau Brecht-Schall. Punkt. Aus. So lief's
ab im Hause Romanow, Hilde Alex und ich zogen ab wie
die begossenen Pudel, die hatte uns wirklich das Gefühl
gegeben, wir seien zwei blöde Gaukler vom Volksthea-
ter irgendeiner Provinz. Was nicht BE war, war Provinz.
Papa als Museumsfigur. So habe ich das in Erinnerung
und hoffe, meine Erinnerung täuscht mich nicht.

Spielte Brecht für Sie schon früher eine Rolle, auf Ihren eigenen Wegen in die Kunst?

Ich empfand ihn immer schon als einen enorm klarsichtigen Dichter. Aber die Annäherung geschah auf Umwegen. Mit fünfzehn oder sechzehn stieß ich auf Verse aus den Kindergedichten: »Da war der Lehrer Huber / Der war für den Krieg, für den Krieg. / Sprach er vom Alten Fritzen / Sah man sein Auge blitzen / Aber nie bei Wilhelm Pieck. // Da kam die Waschfrau Schmitten / Die war gegen Dreck, gegen Dreck. / Sie nahm den Lehrer Huber / Und steckt' ihn in den Zuber / Und wusch ihn einfach weg.« Mein Vater sah und hörte das und sagte nur verächtlich und warnend, so etwas zu schreiben, sei eines wahren Dichters unwürdig. Den Ton dieser klaren Ansage habe ich nie vergessen. Ein Laientheater in Gera spielte »Die Ausnahme und die Regel«, ich habe mir die Aufführung angesehen und verstand nicht die Bohne. Deshalb ließ ich lange Zeit die Finger von Brecht, ich wollte mir nicht ständig die eigene Unbeholfenheit bestätigen lassen. Erst auf der Schauspielschule wurde es mit Brecht lustig, schön und wirklich greifbar. Ich spielte die alte Peachum in der »Dreigroschenoper«, die Isabelle in den »Rundköpfen und Spitzköpfen«, da war auch nie das Gefühl, von seiner speziellen, sogenannten epischen Theatertheorie überfordert und erschlagen zu werden.

Der Schauspieler Norbert Christian hörte sich mal während der Proben zu irgendeinem Brecht-Stück am Berliner Ensemble lange Ausführungen des Regisseurs Manfred Wekwerth an, nickte verständiger und verständiger, und am Ende der theoretischen Ausführungen sagte er nur: »Wenn ich das jetzt alles richtig verstanden habe, soll ich das Ganze etwas leiser sprechen.«

Ja, im Spiel löste sich alle Beklemmung und Verkrampfung vor den ganzen theoretischen Überfrachtungen auf.

Shen Te/Shui Ta in »Sezuan« war damals, zu DDR-Zeiten, Ihre einzige Brecht-Rolle.

Ja, ich spielte dann erst wieder in Köln einen Brecht, die Mutter Courage. Und »Der gute Mensch von Sezuan« an der Volksbühne war ja nur deshalb zustande gekommen, weil Helene Weigel den Besson mit dieser Erlaubnis einer Aufführung außerhalb des Brecht-Theaters locken wollte, endlich mal wieder eine Inszenierung am Berliner Ensemble zu machen. Diese Arbeit war zwischen ihnen schon ausgemacht, aber die Weigel starb, zu einer Inszenierung an seinem früheren Theater ist es daher nicht mehr gekommen. Seit dieser Zeit stichelte und bohrte die Tochter – als müsse da ein Mensch ein unglückliches Leben kompensieren, armer Papa, kann ich da nur sagen. Wahrscheinlich hat sie viel durchgemacht und war möglicherweise kein absolut geliebtes Kind, wer weiß, irgendwie sucht sich ein verletztes Leben dann seine Ventile …

Verzweigte Familienverhältnisse, Erbschaftskonflikte – ein weites vermintes Feld.

Aus solchen Geschichten bin ich selber immer sauber herausgegangen. Als Besson und ich schon längere Zeit nicht mehr zusammenlebten, sind wir während einer Probenpause im Schillertheater – »Dickedumm und Naseweis«, es war die letzte Arbeit, bevor das Theater geschlossen wurde – zum Notar gegangen und haben schriftlich festgelegt, dass wir gegenseitig auf alle Ansprüche verzichten. Punkt. Damit war der Fall für mich erledigt. Seelenfrieden! Ich bin nicht veranlagt für solche Streitigkeiten oder Besitzanmeldungen oder Nachlass-Spitzfindigkeiten, das hält ab von den wahren Dingen des Lebens.

Hatten Sie in der DDR Kontakt zu Katharina Thalbach, Bessons Tochter, und zu ihrem Mann, dem Dichter Thomas Brasch?

Privat? Nein, gar nicht. Wir haben aber zusammen gespielt, zum ersten Mal im »Othello« von Karge und Langhoff an der Volksbühne, da war Kathi achtzehn und schwanger. Jahrzehnte später traf sich sozusagen die Besson-Familie zur Inszenierung »Hase Hase« am Schillertheater, dann gab es noch die Zürcher Inszenierung »Die Heilige Johanna der Schlachthöfe«, Kathi spielte die Titelrolle, ich die Frau Luckerniddle. »Hase Hase« ... eigentlich passte dem Besson das Schillertheater nicht. Er hat immer gesagt: »Überall, aber auf keinen Fall in Westberlin!« Berlin, das war für ihn die DDR und sonst nichts. Na ja, dann hat er's doch getan, es seien ja wenigstens DDR-Schauspieler dabei, und bald werde es den Begriff Westberlin gar nicht mehr geben ...

Noch einmal zurück zu »Wege übers Land«: Nachdem der Film abgedreht und im Fernsehen gelaufen war – dachten Sie fortan politischer, waren Sie nunmehr eine politischere Schauspielerin?

Nein, ich bitte Sie! Jemand, der im Film oder auf der Bühne einen Chirurgen spielt, der denkt hinterher doch nicht, er sei außer einem passablen Schauspieler auch noch ein guter Arzt. Ich hoffte nicht mit der Arbeit am Sakowski-Film, eine politischere Schauspielerin zu werden, sondern danach eine bessere oder solidere Darstellerin zu sein.

Aber es geht doch nicht spurlos an einem vorüber, wenn man so lange Zeit so tief in einen unmittelbar gegenwartsbezogenen, so geschichtsträchtigen Stoff eintaucht.

Ich bin in einen Roman eingetaucht, in Menschenschicksale. Sie aber fragen, als hätte ich mit den Dreharbeiten ein Politikstudium aufgenommen. Es war kein unbekannter Stoff. Ich lebte nicht weltfremd. Es war unser Thema. Wir sind in der DDR doch politisch in einer bestimmten Richtung erzogen worden.

Indoktriniert worden?

Einesteils ja. Aber andererseits besaß ich ein Lebensgefühl der wirklichen Beteiligung an der Welt. Wenn wir damals miteinander diskutierten, dann redeten wir nicht in erster Linie über Geld, über Anschaffungen, über Häuser, über Klamotten oder über das heute so beliebte »Shopping«, wir sprachen über das Große und Ganze, wir stritten wirklich über Gott und die Welt. Vielleicht war die Idee mit dem Sozialismus, diese Illusion, uns sei ein Paradies der ganz neuen sozialen, gerechteren Möglichkeiten geschenkt worden, wirklich nur eine kurze Auszeit aus der Geschichte, ein Tagtraum, aber immerhin, es gab ihn, viele Menschen haben ihn gern gelebt. Und das, was Sie mit »Indoktrinieren« bezeichneten, das hielt uns nicht ab, sondern stachelte an. Ich empfand den Lebenskreis, in dem ich mich bewegt habe, als ziemlich hellhörig, wissbegierig und in dem Sinne eben auch politisch. Das ist alles kein Gegensatz zu den Rückzügen, die man betrieb, wenn's einem zu bunt wurde mit den Blödheiten der Funktionäre und der Zeitungsschlagzeilen. Dass es in der DDR im Gegensatz zu heute zum Beispiel so tolle und so viele politische Witze gab, selbst das hat doch mit dieser Weltbeteili-

96

gung zu tun. Man war wach. Man hatte Sinn für den Widerspruch. Bei »Wege übers Land« kam hinzu, dass ich einiges selbst erlebt hatte, die Zeit der Vertreibungen am Ende des Krieges und nach dem Krieg etwa. Vieles kannte ich aus Erzählungen meiner Mutter. Als sie den Film gesehen hatte, fühlte sie sich von Erinnerungen eingeholt, sie begegnete als Zuschauerin ihren eigenen Erfahrungen. Um was es im Film ging, hatte ich ihr erzählt, aber sie kam auch mal mit zu den Dreharbeiten und wurde dann ganz still. »Das kommt jetzt alles wieder«, sagte sie. Die Erinnerungen stiegen plötzlich in ihr auf.

Trotzdem war die Rolle der Gertrud Habersaat ein wichtiger Einschnitt in Ihrem Leben. Sie sind plötzlich in einem erheblichen Maße populär geworden.

Ob Sie das nun glauben oder nicht, Herr Schütt, ich habe nicht an so etwas gedacht, und ich hatte nicht das Empfinden eines nunmehr gesteigerten Lebens. Ich habe weiter meine Arbeit gemacht, ich war nur erstaunt, weil ich auf der Straße auf die Habersaat hin angesprochen wurde, ja, das passierte des Öfteren. Wahrscheinlich lag diese Beiläufigkeit, mit der ich das zur Kenntnis nahm, an meiner Naivität. Außerdem spielte ich gleich wieder Theater, es war gar keine Zeit, sich den Ruhmgefühlen hinzugeben, die Sie mir jetzt einreden wollen. Es wurde an der Volksbühne weiter probiert, niemand machte da große bewundernde Augen, wie gesagt, den Starkult gab es bei uns sowieso nicht, es existierte keine Boulevardpresse, kein Klatsch und Tratsch in den Medien. Also, das ging alles ziemlich normal weiter. Man kann sein eigenes Leben selber schwer einschätzen, aber zumindest erlaube ich mir – zum wiederholten Male –, mit einer gewissen Bestimmtheit zu sagen, dass ich nie ein abgehobener Mensch gewesen bin. Ich bin immer auf dem Boden geblieben. Zum Spektakulären tauge ich nicht, und eine Diva bin ich schon gar nicht.

Sondern?

Eher die Kumpelin, die Nachbarin, bei der man sich Brot holen kann, wenn man mal selber den Einkauf nicht geschafft hat. Im Übrigen hatte ich, wie schon angedeutet, bereits vor der Gertrud Habersaat größere Rollen im Fernsehen gespielt, in »Rose Bernd«, im »Onkel Wanja«, klar, das war bei weitem nicht so durchschlagend von der Wirkung her wie ein Fernsehfilm, aber das Selbstbewusstsein für meinen Beruf holte ich mir nie aus dem, was man heute Popularität nennt. Ich wollte spielen, und Punkt.

Einen solchen TV-»Straßenfeger« erlebt man nicht alle Tage.

Ja, natürlich. Benno Besson war übrigens richtig ärgerlich über diese Resonanz, die Fernsehen auslösen kann. Er knurrte missmutig, wie ungerecht das sei – wie oft ich im »Drachen« spielen müsse, um auch nur einen Bruchteil des Publikums anzusprechen, das »Wege übers Land« erreichte. Er war regelrecht ungehalten darüber, welche Mühen hinter einer Theaterarbeit stecken, und dann kämen diese Fernsehfritzen und sahnten ab. Ja, er wurde immer wütend, wenn ich beim Fernsehen oder Film was spielte. Er konnte es überhaupt nicht leiden, wenn ein Schauspieler diese Medien dem Theater vorzog. Das hat er wohl von Brecht übernommen, der vom Film als einer Afterkunst sprach. Und deshalb wurde Besson regelmäßig eifersüchtig, wenn ich einen Erfolg beim Fernsehen hatte. Er wurde da richtig kleinlich, es genügte schon ein Dankeskuss von Sakowski, mir leicht auf die Wange gesetzt, und Besson ging hoch wie eine Rakete: Ja, der sei ein Garant für das ganz große Ruhmesergebnis, was sollten da alle Anstrengungen, eine anständige Theaterinszenierung zuwege zu bringen. Da klang auch ein wenig die Warnung durch: Vergiss nicht, meine Liebe, wo du herkommst und wo deine Wurzeln sind. Eine völlig unbegründete Mahnung war das, ich hab auch das nicht begriffen – wieso man mich warnen muss! Ich bin so nicht! Auch wenn die Gertrud die Hauptrolle war, ich empfand mich stets als Teil eines Ganzen – das klingt jetzt so betont bescheiden und also selbst in der Relativierung irgendwie hochtrabend. Sie merken, es fällt mir schwer, etwas zu erklären, das dann nur wie eine holprige Rechtfertigung klingt. Hab ich eigentlich nicht nötig.

Sie erhielten für »Wege übers Land« den Nationalpreis.

Den Nationalpreis I. Klasse, ja. Es war ein Kollektivpreis.

Wie hoch war die Summe?

Ich bekam davon 25 000 DDR-Mark, das entsprach dem Nationalpreis III. Klasse, so viel Geld hatte ich noch nie auf einem Haufen gesehen. Davon kaufte ich mir dieses Grundstück hier in Senzig, wo wir jetzt sitzen, das war damals billig wie ein Appel und ein Ei, und eine Waschmaschine schaffte ich mir an. Das klingt sehr selbstverständlich, war es aber nicht. Waschmaschinen kriegte man nicht so ohne weiteres. Aber die Friseuse von einer Freundin von mir, deren Mann fuhr die Dinger aus, also Waschmaschinen und Kühlschränke und derartige Haushaltsgeräte, und sie meinte, ich sag dem das, da fallen schon mal zwei Waschmaschinen vom Lkw. Eine behielt ich, die andere schenkte ich dieser Friseuse für ihr gutes, etwas illegales Werk.

Ich fragte deswegen nach dem Geld, weil es sicher für die damalige Zeit eine Menge war, aber doch bestimmt wenig, wenn man es mit heutigen Fernsehhonoraren für ähnlich ausgreifende Rollen vergleicht.

Es war eine für mich beglückend hohe Summe, die Gage für die Synchronarbeit war darin eingeschlossen. Denn wir mussten aus technischen Gründen noch nach-synchronisieren. Wir drehten immerhin neun Monate – heute würde man angesichts dessen über die Höhe dieser Gage lachen. Aber man sollte nichts aus der Zeit herausnehmen, in der es geschah. Geschichtsloses Denken fängt mit solchen Kleinigkeiten an. Alles hat einen konkreten Hintergrund, eine konkrete Zeit, einen konkreten Raum. Reißt man diese Hintergründe ab, versteht man vieles nicht mehr und greift sich an den Kopf. Freilich, sehr klug oder gewieft war ich damals nicht. Später erfuhr ich, dass Erik S. Klein – der den Kalluweit spielte, jenen Nazi, den die Gertrud Habersaat heiratet – weit mehr Geld bekam als ich. Ich hatte ihn noch um Rat gefragt, und er schaute auf die Summe und sagte: »Schon in Ordnung so, schon in Ordnung so!« Diese Burschen! Auch er hatte einen viel besseren Vertrag ausgehandelt. Aber schon das Wort: aushandeln. Ich habe nie gehandelt. Das konnte ich gar nicht. Ich kriegte ein Papier und unterschrieb, ich habe nicht danach gefragt, ob ich auch wirklich als Hauptrollenspielerin eingeordnet und behandelt würde. Ich bin sogar so naiv gewesen und zu Manfred Krug gegangen, ihn fragte ich, was denn er als Gage bekäme. Natürlich hat er es mir nicht gesagt, pfiffiger Bursche, der. Ich weiß bis heute nicht, was der verdient hat. Aber im Grunde interessierte mich das auch nicht, ich wollte arbeiten, wollte keinen Streit und keinen Stress in diesen Fragen, die für mich Nebenfragen waren. Ich war nicht mal dreißig, umgeben von erfahrenen, großen Schauspielern, es würde schon alles seine Richtigkeit haben, was hätte ich für ein Recht auf Sonderkonditionen. Ich fühlte mich umgeben von einer künstlerischen Klasse, die ich anstaunte. Noch heute muss ich sagen: Wirklich großartige Schauspieler waren am Werk, bis in die kleinsten Rollen hinein – Christa Lehmann, Erika Pelikowsky, Elsa Grube-Deister, Helga Raumer, Elfriede Florin ... nein, es hat keinen Sinn, mit einer Aufzählung anzufangen, man müsste so viele nennen. Was da an Kraft einer Spielkultur weggebrochen ist, mit dem Ende der DDR, das ist schon bitter. Manche mussten danach wie die bittstellenden Anfänger durch die neue westdeutsche Landschaft tappen, andere wurden vergessen, nicht mehr beachtet. Ich erinnere mich, dass wir bei den Dreharbeiten zu »Wege übers Land« einander zuschauten beim Spielen, es herrschte eine Atmosphäre der gegenseitigen Ermunterung, es waren Wochen und Monate wie nicht von dieser Welt. So et-- was vergisst man nicht. Und das alles, nun doch von heute betrachtet, mit holpriger Technik. Den ausgestülpten Nasen sah man die Kleberänder an, und meine grauen Schläfen glichen auch nicht gerade Kunstwerken der perfekten Illusion.

Es gibt ein Foto von der Auszeichnung im Staatsrat, Sie und Manfred Krug und einige andere des Filmstabes stehen im Kreis um Walter Ulbricht herum, und alle lachen auffallend. Das Foto stand im »Neuen Deutschland« auf Seite 1. Warum brachen Sie denn in so ein ausgeprägt beifälliges Lachen aus?

Der Ulbricht hatte zu Manne Krug gesagt, jetzt, Herr Krug, können Sie nicht mehr so hemdsärmlig herumlaufen, jetzt sind Sie eine Achtungsperson. Und Krug antwortete, ja, ja, Herr Ulbricht, wir können beide nicht mehr unbeobachtet mit dem Finger in der Nase bohren. Da lachte der Hofstaat, und in diesem Moment gehörten wir alle zu diesem Hofstaat.

Wer hat Sie für die Gertrud Habersaat in »Wege übers Land« empfohlen, ausgesucht?

Es ging wohl aus von Helmut Sakowski.

Sie kannten ihn?

Nein, ich hatte nur Aufführungen seiner Stücke am Maxim Gorki Theater gesehen. In der Reinhardtstraße, auf der Probebühne des Deutschen Theaters, die es schon lange nicht mehr gibt, arbeiteten wir am »Lorbaß« von Horst Salomon, eine Inszenierung von Besson – ich wurde plötzlich rausgeholt aus dieser Probe, draußen stand der Regisseur Martin Eckermann. Er sagte nur, er wolle mich nicht lange aufhalten, Sakowski, Fünfteiler, Hauptrolle du, Regie ich – machste mit? So war das. Ich sagte ja, ja, ja, aber ich muss jetzt wieder rein zur Probe.

Wie lange haben Sie insgesamt gedreht, die fünf Teile »Wege übers Land«?

Wir begannen im Frühjahr 1967, es lag noch Schnee, es war kurz nach der Geburt meines Sohnes Pierre, 1968 war der Film fertig. Nach den Dreharbeiten musste alles noch synchronisiert werden, wir machten quasi das Ganze noch mal. Mühselig. Und das Synchronisieren wurde natürlich nicht bezahlt. Es gab eine Pauschale.

Ach, ich war wirklich ein naives Ding. Ich habe Ihnen ja erzählt: Mit meinem Vertrag bin ich zu jedem hingelaufen, habe alles erzählt, ich machte kein Geheimnis aus den finanziellen Dingen – ich merkte nur, dass andere sehr ruhig waren. Ich sagte ja bereits: Viel später erfuhr ich, einige hatten für die Arbeit an drei Teilen das bekommen, was ich für alle fünf Teile und für die Hauptrolle erhielt. Aber ich war glücklich mit meinen Konditionen. Die Ahnung, es würde einen Nationalpreis geben, hatte wahrscheinlich auch niemand. Eines Tages erhielt ich einen Anruf aus dem Kulturministerium, ich solle mir ein schönes Kleid anziehen und dann zur Auszeichnungsfeier kommen. So lief das. Benno Besson hatte drei Jahre zuvor den Nationalpreis III. Klasse erhalten, wieder knurrte er über dieses dämliche Fernsehen, dann aber lachten wir und freuten uns.

Wissen Sie noch, was Sie während der Ereignisse im August 1968 bewegte, es war das Ende des Prager Frühlings, er kam unter die sowjetischen Panzer.

Ich kann nicht behaupten, zu den politischen Aktivisten gehört zu haben. Ich habe nicht protestiert, ich wurde nicht verwarnt, ich wurde nicht verhaftet, ich erlebte keine Repressalien.

Sie erlebten keine Repressalien, weil Sie nicht protestierten?

Es ist merkwürdig, dass einem nur die absurdesten Abweichungen vom Alltag einfallen.

Kafka notierte 1914 am Tag des Kriegsausbruchs in sein Tagebuch: Deutschland hat Serbien den Krieg erklärt – Heute nachmittag Schwimmstunden.« Welche Abweichung meinen Sie jetzt?

Wie gesagt, Pierre wurde 1967 geboren, 1968 durfte ich das erste Mal in die Schweiz reisen. Und was soll ich Ihnen sagen, auf diesem Flug mit Benno Besson nach Prag – wir mussten von der DDR aus die Ostroute fliegen – geschah es zum letzten Mal, dass mein Kleiner die Windeln voll machte. An so etwas erinnert man sich, man stelle sich das vor! Ist mir aber nicht mal peinlich. Sie fragen, ich antworte. Sicherlich erinnere ich mich deshalb so genau, weil der kleine Kerl auf meinem Schoß saß und es im Flugzeug kein Wasser gab. Bennos Kinder waren auch dabei, der Junge fünf, das Mädchen neun Jahre alt, sie trösteten mich mit einem Dauerschub Schokolade. Bis Prag saß ich sozusagen sehr im Warmen. Erst dort auf dem Flugplatz, wo man schon spezielle Räume für junge Mütter hatte, konnte ich den Jungen sauber machen. Der muss sich selber so geekelt haben, dass er von Stund an »stubenrein« war. Fünf Stunden hockten wir im Transitraum, durften nicht raus, die Kinder tobten, Benno und ich halfen uns mit tschechischem Bier und Halberstädter Würstchen über die endlos sich zerrende Zeit. Ich kann nur sagen, es war eine lange Weile, aber dank des Bieres keine Durststrecke.

Trafen Sie später Kollegen, die nicht mehr zu dem Film »Wege übers Land« oder »Daniel Druskat« standen, etwa nach dem Ende der DDR?

Nein. Vorstellen konnte ich mir schon damals, zu den Dreharbeiten, dass Angelica …

Angelica Domröse.

Ja, dass Angelica nicht so zufrieden war. Sie hatte aber auch wirklich eine sehr negative Rolle zu spielen. Apropos negative Rolle! Wir wurden alle ausgezeichnet, bekamen staatliche Auszeichnungen, vom Regisseur und Autor über die Hauptrollen bis hin zum Kabelhalter von der Fernsehtechnik. Aber all jene, die eine negative Rolle zu spielen hatten, die bekamen nichts, die gingen tatsächlich leer aus. Etwa Erik S. Klein, der den Kalluweit spielte, diesen Nazi-Mitläufer, der die Gertrud heiratete, eine ganz wichtige Rolle und eine großartige Leistung von Klein – der doch ein ganz beliebter Schauspieler in der DDR war. Es kam dann ein sehr empörter Brief aus dem Stahlwerk Riesa, die Arbeiter beschwerten sich an höchster Stelle über diese Ungerechtigkeit, und es wurden bei der nächsten Gelegenheit Ehrungen nachgereicht. So war das – diese einfältige Auffassung von Kunst, diese unintelligente Gleichsetzung von Rollenspiel und Figur. »Sozialistischer Realismus« pur. Da gab es bekanntlich viele Entgleisungen.

Was Sie andeuten, erinnert mich an eine Geschichte, die der Dramatiker Hartmut Lange erzählte. Er hatte die kritische Komödie »Marski« geschrieben, sie sollte am Deutschen Theater aufgeführt werden, wurde natürlich nicht aufgeführt, aber vor dieser Entscheidung wurde der junge Autor zu einem Kulturfunktionär in der Berliner SED-Bezirksleitung bestellt, der vorher einen Posten bei der Obst-und-Gemüse-Versorgung hatte. Der Chefdramaturg des Deutschen Theaters ging mit, der Funktionär blätterte in dem Manuskript und fragte den Dramaturgen, warum man das Stück spielen wolle. Weil es besonders realistisch sei, antwortete der Chefdramaturg. Und nun kam es zu folgendem Dialog. »Das Stück spielt auf dem Lande?« – »Ja.« – »Waren Sie schon einmal auf dem Lande?« – »Ja.« – »Haben Sie einen Bauern sprechen hören?« – »Ja, natürlich.« – »Ihr Stück ist in Versen geschrieben.« – »Ja.« – »Sprach der Bauer auch in Versen?« – »Nein.« – »Na also. Ihr Stück ist also nicht realistisch.« So viel zum Niveau.

Schöne Geschichte. Da saßen schon betrübliche Gestalten an manch einem kulturpolitischen Schalthebel.

In seinem Buch »Abgehauen« schreibt Manfred Krug über die Zeit nach der Biermann-Ausbürgerung und seiner offenen Beteiligung am Protest dagegen: »Aber was sie mit mir gemacht haben: einen anständigen Menschen bestrafen, indem sie ihm die Arbeit wegnehmen; einem Schauspieler zeigen, was 'ne Harke ist, indem sie so tun, als sei er nie wirklich gebraucht worden, als seien ihm bloß aus Erbarmen ein paar Brocken hingeschmissen worden; ihm eins rüberziehen und sagen: Ohne uns bist du gar nichts; seine Ehre verletzen, seinen Ruf schädigen, indem er verleumdet wird – das kränkt den Stolz des Künstlers. Mit denen bin ich fertig. Die waren hart mit mir, jetzt muss ich hart mit denen sein. Ein Zurück kann es nicht geben. Wenn ich umkehre, bin ich verloren.«

Man hat ihm übel mitgespielt. Plötzlich hieß es, Krug hätte ein Dollarkonto in der Schweiz – er, der angebliche Volksschauspieler! Er sollte im Fernsehen den »Götz« und den »Michael Kohlhaas« spielen, das wurde nichts. Es gab keine neuen Platten mit ihm, Konzerte wurden ihm gestrichen. Also, das war schon schlimm, und ich konnte verstehen, dass er raus wollte.

Eberhard Esche sah das damals anders, er sagte: »Hier kann ich die Schnauze aufreißen, drüben muss ich zusehen, ob ich an das Geld rankomme oder nicht. Hier kann passieren, was will, das Geld reicht immer zum Leben. Drüben bin ich weg vom Fenster, wenn ich mich mausig mache.«

Ich hatte stets das Gefühl, dass die DDR trotz aller Idiotien und Bösartigkeiten gegen kritische Geister doch etwas wert war. Ich wog ab und stellte für mich fest, dass die Hoffnungen ein größeres Gewicht hatten als die Übel. Für mich!

Gab es nach dem Ende der DDR Berührungsängste gegenüber Manfred Krug?

Nein.

Ihm ging es also, aus Ihrer Erfahrung heraus, nicht so wie der Schriftstellerin Monika Maron, die von einer »Zonophobie« sprach.

Mir gegenüber jedenfalls nicht. Krug wollte unbedingt, dass ich in der Hörbuchversion seiner Erinnerungen »Mein schönes Leben« seine Urgroßmutter Johanna spreche. Jedesmal, wenn ich das Cover sehe, muss ich lachen. Da steht: »Manfred Krug: Mein schönes Leben«, drunter: »Mit Ursula Karusseit«. Er hat mich vorher in seinem unnachahmlichem Sinn für finanzielle Vorsorgen gewarnt: »Reich wirst du dabei aber nicht!« – »Ja, ja«, sagte ich, »das ist mir schon klar, wie du dafür sorgen wirst, dass die anderen nicht zu viel kriegen ...«

Mit der Petition gegen die Biermann-Ausbürgerung hatten Sie also nicht direkt zu tun? Mit Krug und Thate waren Künstler daran beteiligt, die auch in Ihrem Fernseh-Leben eine beträchtliche Rolle spielten. Die beiden gehörten zu denen, die im November 1976 ein Schreiben unterzeichneten, das erst dem »Neuen Deutschland«, dann der DDR-Nachrichtenagentur ADN und schließlich, nach voraussehbaren Absagen bei den genannten Adressen, in den Westen gegeben wurde.

An dem Tag, da das mit Wolf Biermann passierte, war ich in Polen, mein Sohn und ich, wir besuchten die Familie unserer Haushälterin, einer Polin, sie ging mir in Berlin ein wenig zur Hand, wenn ich Vorstellungen hatte oder zu Dreharbeiten unterwegs war. Es war im Übrigen auch die Zeit, da Besson und ich in Trennung lebten. Als wir aus Polen zurückkamen, rief mich jemand vom »Neuen Deutschland« an. Er fragte mich, ob ich die Zeitung heute schon gelesen hätte. Ich verneinte. Das solle ich tun, meinte der Redakteur, er würde später noch einmal anrufen. Ich ging zum Briefkasten, ich hatte ein Abonnement des ND, und ich sah die Seiten mit den Stellungnahmen vieler Künstler und Intellektueller, auch Arbeiter, zur Ausbürgerung. Bei den Wortmeldungen aus den Betrieben, die sich heftig gegen den Sänger aussprachen, schwoll mir schon der Kamm – das waren doch garantiert Leute, die bis dahin noch nie den Namen Biermann gehört hatten. Dann klingelte erneut das Telefon – mein Bruder, Betriebsleiter in Schleiz: »Haste auch unterschrieben?« Ich: »Was unterschrieben?« Er: »Na, für die Ausweisung Biermanns, die Regierung hat doch richtig gehandelt, oder findest du das etwa nicht?« Ich: »Nein, ich habe so eine Befürwortung nicht unterschrieben.« Er, mit mächtig viel Stolz in der Stimme: »Aber ich.« Ich war sprachlos und fragte nur: »Kennst du denn diesen Biermann überhaupt?« Die Stimme am anderen Ende der Leitung: »Nee, natürlich nicht.« Ich: »Das ist ein Dichter.« »Ach«, sagte mein herzensguter Bruder, »Dichter also. Na ja, Dichter haben wir genug.« So weit das Wort zur Lage: Wir sind das Volk. Ich hätte meinem geliebten Bruder eine scheuern können in diesem Moment. Später rief tatsächlich wieder die ND-Redaktion an und forderte mich auf, ebenfalls meine Solidarität mit der DDR-Regierung zu erklären. Ich lehnte das ab, ich würde mich nicht äußern, bevor nicht eine Diskussion zu diesem Thema möglich sei, in der Pro und Contra ausgetragen werden. Den Biermann konnte ich damals nicht leiden, und ich kann ihn heute nicht leiden. Ich empfinde ihn als groß-spurig und ohne jedes Selbstgefühl für seinen wahren künstlerischen Wert. Er ist ein frecher Trittbrettfahrer seines eigenen Schicksals, das er der SED-Führung verdankt. Diese Funktion übt er freilich, das muss man ihm lassen, gnadenlos gut aus. Er weiß, dass er nur als rücksichtsloser, ungerechter Polemiker eine Chance hat. Aber Sympathie oder Antipathie – der Rausschmiss damals war eine Unverschämtheit der DDR-Oberen, da gibt es nichts zu relativieren. Ich habe ihn übrigens während der Zeit des Mauerfalls bei einem Konzert in Köln erlebt, ja, er war wieder in Köln, wie 1976, und da ist er mir keinesfalls angenehmer geworden. Dass er Ehrenbürger von Berlin wurde, fand ich sehr übertrieben, und dass sich die mitregierende Linkspartei dafür einspannen ließ, habe ich ihr sehr übel genommen.

Das ist praktische Politik.

Ja, ja, genau. Hier stehen wir und können nicht anders. Von wegen. Lächerlicher Opportunismus ist so was. Ich vermute übrigens, dass Biermann den Krach damals wollte. Ich kann mir vorstellen, dass er vorher gewarnt und vielleicht gebeten wurde, das eine oder andere Lied, den einen oder anderen Angriff auf die DDR in Köln wegzulassen. Er wollte den Krach, er provozierte den Bruch.

Sie kannten Biermann, wie schon erwähnt, von den Proben beim »Drachen«.

Ja, die Sache mit der Verdeutlichung, die er bei Besson durchsetzen wollte: »Sie müssen das gegen die DDR-Regierung inszenieren.« Biermann war andererseits ein ganz lustiger, geselliger Bursche. Wir fragten ihn oft, ob er zufällig seine Gitarre dabei habe, und er hatte seine Gitarre zufällig immer dabei. Also sang er uns seine Lieder vor, »Das war in Buckow zur Süßkirschenzeit« oder »Jeden Abend geht der nette fette Vater einen Eimer Kohlen holen«. In den frühen sechziger Jahren, nach der Premiere von Bessons »Tartüff«, nahm mich irgendwer mit zu Robert Havemann nach Hause, den kannte ich bis dahin gar nicht. Biermann war auch dabei, und natürlich Brigitte Soubeyran, die zu der Zeit mit Biermann zusammenlebte. Ich kam nur zufällig in diesen Kreis, lernte die alle auch nur sehr oberflächlich kennen, ich hatte auch später nie irgendwelchen Kontakt zu Bürgerrechtlern, und an jenem Abend wusste ich auch überhaupt nicht, was dieser Robert Havemann inzwischen für eine Rolle spielte, dass er gewissermaßen der Übervater der Oppositionellen geworden war. Ich wunderte mich nur, dass das Radio unerträglich laut dröhnte während der Gespräche, und überhaupt muss ich ein stolpernder, unbedarfter Fremdkörper in diesem Kreis gewesen sein. Havemann hatte Würstchen aufgemacht, das Wasser im Topf kochte, und Kollegen berichteten später, ich sei in dieser »konspirativen« Runde einzig dadurch aufgefallen, dass ich von weit hinten immerfort gegen das aus gutem, also aus Anti-Wanzen-Grund dröhnende Radio angebrüllt hätte: »Robert, die Würstchen.« Das war mein Beitrag zur stabilen Entwicklung einer DDR-kritischen Intellektuellen- und Künstlergilde: »Robert, die Würstchen.« Die Genossen mit dem unsichtbaren Visier werden in ihren Abhörkammern arg ins Grübeln gekommen sein, was das wohl für ein raffiniertes neues Codewort imperialistisch gesteuerter Diversion war.

Helmut Sakowski schrieb, nach »Wege übers Land« und »Daniel Druskat«, noch einen weiteren Fernsehroman, »Verflucht und geliebt«.

Ja, ich sollte wieder mitwirken, und die Spanne, die man älter geworden war, würde natürlich ebenfalls eine Rolle spielen. Plötzlich meldeten sich Regisseur Martin Eckermann und Dramaturgin Helga Korff-Edel bei mir: »Wir wollen nicht lange um den heißen Brei rumreden, wir mussten dich umbesetzen.« Und jetzt kam der schöne Satz, der mir ins Mark fuhr: »Weißt du, Usch, das musst du verstehen – dem Dichter ist im Laufe der Zeit immer mehr die Feder ins Hüpfen gekommen, und da wurde die Figur jünger und jünger.« Da saß ich nun bedeppert da, ich alte Frau. Ich schrieb Sakowski einen Brief, ich konnte mich mit diesem seltsamen Argument nicht abfinden, ich konnte das nicht glauben, die Dinge des Films waren doch seit langem verabredet, ich vermutete anderes dahinter, und er sagte mir die Wahrheit. Der Grund der Absage lag im Wesen unserer verfluchten, leidigen Kulturpolitik. Angelica Domröse, Hilmar Thate und Manfred Krug waren inzwischen im Westen. Die drei und ich hatten aber lange Zeit das erfolgreiche Quartett des DDR-Fernsehromans gebildet, jedenfalls war die Erinnerung vieler Menschen an »Daniel Druskat« nicht verebbt, und nun, wenn die Leute mich im Fernsehen sähen, könnten sie fragen: Na, wo sind denn die anderen? Also wurde auch ich, im Zusammenhang mit einem großen Sakowski-Stoff, nicht mehr vor die Kamera gelassen. Eine Vorsichtsmaßnahme sozusagen. Meine Rolle spielte dann Renate Krößner, die spätere »Solo Sunny« im Film von Konrad Wolf.

Krug wollte eigentlich gar nicht weg.

Nein, den haben sie wirklich gezwungen. Vorhin haben Sie es zitiert. Er wollte nicht raus aus seinem schönen Haus, das ihm gewiss wichtiger war als die DDR. Zu Dreharbeiten bei »Daniel Druskat« kam er mit seinem

Mercedes, jedes Jahr ein neuer, irgendwo und irgendwann war immer gerade ein Onkel gestorben, und das
immer wieder neue Auto war ein immer wieder neues
Erbstück, seine Frau Ottilie war dabei, aus dem Koffer-
raum holten sie belegte Brote, und einmal, wir warte-
ten auf die Dämmerung, um drehen zu können, da hielt
Manne eine Rede, ich sehe mich noch im Hochzeitskleid
mit Schleier, als Hilde, und Krug im Hochzeitsanzug,
den Zylinder hatte er in der Hand, und er hielt diese Rede, alle saßen drumherum, er sprach immer seine Ottilie
an, und er sagte aus ganzem aufgeregten Herzen heraus: Wenn er Rentner sei, mache er mit seiner Frau eine
Riesenreise nach Afrika, dann komme er zurück, reiße
an der Volksbühne hundertmal den »Nathan« runter, das
Geld reiche dann für die nächste Reise, und dann, Ottilie, dann fahren wir in die Schweiz, wo die Karusseit
schon zu Lebzeiten hinkonnte. So hat er geredet, ich
wusste gar nicht, ob ich mich angegriffen fühlen sollte,
auf jeden Fall war es äußerst eindrücklich, und man
spürte, was ihn bedrängte und unzufrieden machte. Er
wollte reisen können, die Welt sehen können, er litt an
der Enge und an der Abhängigkeit durch einfältige, aber
uneingeschränkt mächtige Behörden.

*Die längste Zeit Ihres Bühnenlebens, Frau Karusseit, ver-
brachten Sie an der Volksbühne. Freischaffend waren Sie
nie?*

Nein, erst 1986. Da merkte ich, an der Volksbühne, wie
alles ausdünnte um mich herum. Das war ein schlei-
chender Prozess. Die jungen Männer – Dieter Montag,
Michael Gwisdek, Ulrich Mühe und andere – wurden
vom Deutschen Theater gewissermaßen weggekauft.
Hermann Beyer ging ans Berliner Ensemble. Angelica
Domröse war »abgehauen«, Jürgen Gosch, Besson auch,

Armin Mueller-Stahl waren weg – irgendwann bekam ich das Gefühl, so eine Art letztes Aushängeschild oder ein letzter Ladenhüter zu sein, den man mit einem Rest Eifer ins Schaufenster hievt, um so zu tun, als sei noch immer alles bestens bestellt. Eines Tages wurde mir das bewusst, dieser Stillstand, diese Behäbigkeit, da habe ich von einem Tag auf den anderen gekündigt. Nichts in petto, kein neues Angebot, keine unmittelbar lockende Aussicht. Ich dachte nicht an die Zukunft, ich dachte an die Unerträglichkeit der Gegenwart. Vielleicht wieder diese Gnade meines Naturells: Ich rege mich nur über das auf, was mir momentan widerfährt, die Sorgen der Zukunft überlasse ich der Zukunft, die kommt früh genug, da muss ich ihr nicht schon vorauseilend die Sorgen abnehmen und damit den jeweils heutigen Tag beladen. Der hat seine eigenen Probleme, die sind meistens groß genug, und mein Problem damals war die wachsende Langeweile. Der Intendant Fritz Rödel erschrak, sah's aber ein. Zum Glück kam ein Anruf aus Köln, schön!, ich würde wieder spielen können und etwas Neues kennenlernen.

Sozusagen das Vorspiel vom Herbst 1989 – ohne dass dies allen schon bewusst war.

Ich sagte schon, viele gingen weg. Der Aderlass fing früh an, das Ziel der Leute war nicht vorrangig der Westen, das Ziel war vor allem das Deutsche Theater oder sogar das Fernsehen. Wir waren, was man eine müde Truppe nennt. Als Rödel kam, der neue Intendant, wollte er natürlich was Tolles vorlegen, er schlug dem Regisseur Hans-Diether Meves vor, den »Arturo Ui« zu inszenieren. Ich hab dem Rödel daraufhin sogar einen Brief geschrieben, so verdattert war ich über diese Idee. Den »Ui«! Nach diesem Welterfolg des Berliner Ensembles mit Ekkehard Schall! Wir würden uns doch bis auf die Knochen blamieren. Wir probierten dennoch ein Stück weit, den Ui sollte Winfried Glatzeder spielen, dieser lange schlaksige Typ, das passte überhaupt nicht, und er hatte auch keinen Draht zu dieser Rolle. Es bahnte sich ein Debakel an. Meves und wir, wir konnten nichts miteinander anfangen, es bröckelte, ehe es begonnen hatte. Abbruch. Verschärfung der Krise am Haus. Ich landete in Köln.

Ein Brecht-Stück zu inszenieren schien an der Volksbühne stets ein Abenteuer zu sein. Der »Sezuan« von den Erben bekrittelt und vergällt, der »Ui« ein hilfloses Unterfangen – mit der »Courage« hatte es auch nicht geklappt.

Da gab es diesen vulgären Einspruch von Barbara Brecht-Schall, von dem Heiner Müller erzählte. Ich weiß nicht, ob es so war, wie er uns das kolportierte, er brillierte mitunter als Klatschweib, dass es eine reine Freude war. Wir wollten »Mutter Courage und ihre Kinder« aufführen, es hatte schon eine Bauprobe stattgefunden, Fritz Marquardt führte Regie. Frau Brecht-Schall verlangte Einsicht in die Besetzungsliste, Marquardt gab sie ihr, wir waren aber nur als Truppe aufgeführt, viele Kollegen, aber keiner mit genauer Rollenangabe. Die Liste kam zurück, die Brecht-Schall wollte ganz klar wissen, wer die Courage spielen solle, wer den Feldkoch, wer den Feldprediger. Als sie meinen Namen las, soll sie den Satz gesagt haben: »Die Schlampe zieht mir den Wagen nicht durch Berlin!« Ich war verdutzt und wütend, ich hab nur gesagt: Was hat die denn, ich will ihn doch gar nicht durch Berlin ziehen, sondern nur über die Bretter der Volksbühne. Übrigens war so präzis noch gar nicht festgelegt worden, dass ich die Titelrolle spielen würde. Es war bei der Bauprobe, als Heiner Müller die Geschichte erzählte, Walfriede Schmitt hob den Kopf und fragte, ganz offenbar mit eigenen Ambitionen. »Wer spielt denn nun die Courage?« Ich sagte: »Ganz einfach, Walli, wir machen ein Wettrennen, wer zuerst dort drüben an der Deichsel des Wagens ist, hat gewonnen.«

Sie wussten nicht, dass Sie die Courage spielen sollten?

Ich nahm es an. Aber ich wäre nicht böse gewesen, wenn es nicht so geplant gewesen wäre. Ich war nie neidisch auf irgendwas oder irgendwen. Natürlich, im Nachhinein geträumt: Es wäre schön gewesen, und es war entsetzlich, wie durch blöde Willkür einer Besitzenden künstlerische Pläne zunichte gemacht wurden. Brecht wurde auf diese Weise geradezu mundtot gemacht. Als ich dann 1986 in Köln begonnen hatte, mit einer Übernahme in der »Kassette«, sagte Manfred Karge, Übernahme hin und her, jetzt spielst du was Eigenes, und das war – die Courage.

Andreas Rossmann schrieb in der »Frankfurter Allgemeinen Zeitung«: »Die Kölner Courage heißt Ursula Karusseit und kommt von der Volksbühne am Luxemburgplatz: eine robuste, temperamentvolle Frau, die sich auf jede Situation einstellen kann und ihre Vitalität noch gar nicht nachzuschminken brauchte; eine Überlebenskomödiantin auch, die sich einen Heidenspaß daraus macht, dem bramsigen Werber und dem blasierten Feldwebel den Tod zu prophezeien. Keine ›Hyäne des Schlachtfeldes‹: Die Geschäfte erledigt sie eisern und doch wie nebenbei …«

Dieses Angebot, ich gestehe es, das ging mir damals runter wie Öl.

Und diesmal kamen von der Erbin keine Einsprüche?

Nein, seltsamerweise nicht. Später schrieb mir Barbara Brecht-Schall übrigens einen Brief. Wir probierten am Schillertheater gerade »Hase Hase«. Im Brief stand, sie hätte diesen Schlampen-Satz nie gesagt, das sei Unsinn, sie hätte mich immer für eine freundliche und nette Frau gehalten – ob ich denn glaube, dass ich die Courage in Köln hätte spielen können, wenn sie eine solche entsetzliche Meinung von mir gehabt hätte.

Sie gingen damals ziemlich abrupt nach Köln. Es war Klaus Pierwoß, der Sie geholt hat.

Er war einer der wenigen Theaterchefs in der Bundesrepublik, die sich für das interessierten, was auf DDR-Bühnen geschah. Pierwoß holte mich für jene Übernahme in Sternheims »Kassette«, Regie: Manfred Karge. Drei Jahre spielte ich dort. Ich weiß den Beginn noch wie heute: Ich hatte an der Volksbühne gekündigt, saß in Köpenick in meiner Wohnung, machte eine Flasche Wein auf, auf einmal klingelte das Telefon, Pierwoß am Apparat. Er meinte, in Kürze sei die Premiere der »Kassette« – ja, ja, sagte ich, ich würde kommen, denn meine Eltern (das Pilgerheim, in dem sie inzwischen lebten, lag gar nicht weit entfernt von Köln) würden auch zur Premiere fahren, wir hätten so wieder mal eine Gelegenheit, uns zu sehen … nein, nein, unterbrach er mich, ich solle nicht im Zuschauerraum sitzen, ich solle auf der Bühne stehen, die Hauptdarstellerin sei wegen Komplikationen bei der Schwangerschaft unerwartet ausgefallen, und die Premiere sei am 31. Dezember 1986. Viel Zeit war da also nicht. Im Grunde haben wir dann nur noch, in den wenigen Tagen, die bis zur Aufführung blieben, an der Anpassung der stark stilisierten Maske arbeiten können, ich bimste Text – und dann ging's los. Die Hinreise war abenteuerlich. Es musste alles sehr schnell gehen. Pierwoß hinterlegte für mich am Bahnhof Zoo eine telegrafische Geldanweisung, fünfhundert D-Mark, für den Flug nach Köln. Ich sah am Zoo die ersten Drogenabhängigen meines Lebens, ich stand zwischen den armen abgerissenen Menschen, früh halb sechs, am Bahnhof wurde gebaut, lauter Bretterverschläge, für mich war nichts hinterlegt worden. Mein jetziger Mann wohnte damals in Westberlin, er war ausgereist, ich in meiner Not hin zu ihm: »Gib mir Geld und komme zu Silvester zur Premiere, sonst sind wir geschiedene Leute!« Er: »Setz dich erst mal hin.« Er gab mir Geld, in Köln holte mich Pierwoß am Flughafen ab. Wir gingen in ein Restaurant, aßen Kuchen, tranken Kaffee und Sekt, er lud mich ein, um dann zu sagen, leider sei der nächstliegende Geldautomat geschlossen, ich möge die Rechungssumme auslegen. Der DDR-Bürger, eingeladen vom Bundesbürger! Es ging ab zur Probe, Karge stand schon vor der Probebühne in der Kölner Südstadt, ich bräuchte keine Angst zu haben, das Ensemble würde mich auf Händen tragen. Es begann eine schöne Zeit. Aber freilich hatte ich noch meine Verpflichtungen an der Volksbühne. Zwar lag dort meine Kündigung auf dem Tisch, aber ich musste noch spielen. Ich rief Siegfried Höchst an, er war der Oberspielleiter, Intendant Rödel war im Winterurlaub: »Siggi, ich brauch jetzt deinen Segen, ich habe das Schlimme schon gemacht, ich habe hier in Köln eine Premiere gerettet – aber ohne Arbeitserlaubnis.« Er gab seinen Segen. Also flog ich immer hin und her, es war anstrengend, aber es ging mir gut wie nie. Zu der Zeit liefen auch Dreharbeiten für einen »Polizeiruf 110« beim Fernsehen, es war Nebel in Köln. Ich wusste nicht, wie ich nach Hause kommen sollte. Wie ich später erfuhr, hatten die mich in Adlershof schon abgeschrieben. Die Karusseit in Köln? Aha, jetzt ist die auch abgehauen, das Luder, ich stand sozusagen schon auf der immer länger werdenden Verlustliste. Mit dem Zug fuhr ich nach Berlin, war nachts daheim, das Telefon klingelte, die vom Fernsehen hatten sich zu einem letzten Kontrollanruf entschlossen – und man war verdutzt, meine Stimme zu hören.

Den Satz, den ich dann nach drei Jahren vom nächsten Kölner Intendanten hörte – den hatte ich bis dahin nie gehört: »Ich habe nicht die Absicht, Ihren Vertrag zu verlängern.« Für mich war klar, dass ich wieder nach Hause gehe.

Sie sind auch Schweizerin, Sie hatten damals schon den Pass.

Ja, aber die Doppelstaatlichkeit wurde nirgendwo anerkannt. Für die Schweizer war ich Schweizer, für die DDR eine DDR-Bürgerin. Der Schweizer Pass galt erst, wenn ich das Territorium der DDR verlassen hatte. Ich konnte nicht einfach über den Checkpoint Charlie gehen, also den Ausländerübergang in Berlin benutzen. Ich habe immer ein Privatvisum in meinem DDR-Pass gehabt. Eines Tages wurde mir das verweigert. Ich ging ins Rote Rathaus, um mich zu beschweren, da saß einer mit Füßen auf dem Tisch, aß eine Bockwurst und sagte kauend: »Wir haben große Schwierigkeiten, Ihnen das Visum zu verlängern.« Es werde zu viel Missbrauch getrieben mit Pässen. Es war die Zeit, da war eine DDR-Künstlerin drüben beim Kaufhausdiebstahl erwischt worden. Das nahmen die als Vorwand, um wieder mal ein bisschen Willkür zu betreiben.

Ist Ihr Sohn auch doppelter Staatsbürger?

Ja. Sie wollten ihn in die NVA einziehen, da sagte er: »Tut mir leid, ich bin Schweizer Bürger.« Dort wollten sie ihn dann auch haben, da hat er gesagt: »Tut mir leid, ich bin DDR-Bürger.«

Er studierte auch an der Berliner Schauspielschule.

Ja, er ist in das Theater hineingewachsen, wie von selbst. Als ich die Isabella in »Maß für Maß« spielte, war ich schwanger. Als wir später »Sezuan« machten, spielte er sogar mit, da war er fünf Jahre alt. Mit fünfzehn, sechzehn Jahren wollte er plötzlich Regisseur werden, da habe ich gesagt, er solle erst einen richtigen Beruf lernen. Er wurde Tischler, mit Mühe hielt er durch, wurde also Facharbeiter für Holztechnik, wie sich das in der DDR nannte. Später ging er in die Schweiz, zu seinem Vater, er tischlerte dort. 1990 kam er zurück und bewarb sich an der Schauspielschule. Da war er schon vierundzwanzig.

Sie sprachen eben von der nicht vorhandenen Arbeitserlaubnis.

Das Kulturministerium der DDR beschwerte sich beim Kultusministerium in Nordrhein-Westfalen, das Theater in Köln würde Schauspieler ohne Arbeitsgenehmigung beschäftigen. Damit war ich gemeint. Es war alles so schnell gegangen, ich musste quasi binnen Stunden die Rolle übernehmen, und Lockerheit war den Behörden leider nicht gegeben. Als ich zwischendurch mal wieder zu Hause war, wurde ich ins »Ganymed« geladen, die Gaststätte neben dem Berliner Ensemble. Ums Gespräch gebeten hatte Frau Brombacher von der SED-Bezirksleitung, in den Augen vieler Künstler eine politisch ganz Scharfe. Sie hat mich bei diesem Treffen regelrecht Maß genommen. Ich würde doch nach Erledigung meiner Arbeit wieder zurück in die DDR kommen, das sei doch wohl klar!, schärfte sie mir ein. Das sei ganz allein meine Entscheidung, erwiderte ich. Plötzlich kam ich mir vor wie beim Filzen an der Grenze. So ohnmächtig, so ausgeliefert einem ungerührten Offiziersgemüt.

Ich sah in Köln mal eine wunderbaren Jura-Soyfer-Abend mit Claudia Burkhard, einer Schweizerin, ich war so begeistert und schlug ihr vor, mit dem Programm über den jungen Dichter, der im KZ umkam, müsste sie unbedingt zu uns in die DDR kommen. Ich arrangierte einen Auftritt im »Theater im 3. Stock« in der Volksbühne. Richtig naiv war ich an die Sache herangegangen. Gib mir die Werbesachen für das Programm schon mal mit, da musst du nicht so viel im Flugzeug mitschleppen. Ich selbst fuhr mit dem Auto über Marienborn zurück nach Berlin – und geriet an der Grenze in eine Filzerei, die mir den Atem nahm. Lange sitzen bleiben im Auto. Motor abstellen, obwohl es draußen winterhundekalt war. Dann alles auspacken, trotz sorgfältigst ausgefüllter Zollerklärung. Die Jura-Soyfer-Plakate ausrollen. Die Demobänder, die Programmhefte, die Zeitungsausschnitte – alles musste ich in einen fensterlosen, aber immerhin warmen Raum schleppen (natürlich half mir keiner beim Tragen). Das Video wurde eingelegt und abgespielt, man suchte nach hineingeschmuggeltem Filmmaterial, in der Ecke lag im hohen Haufen das Sammelsurium des Beschlagnahmten: Radios, Plattenspieler, Fernseher, Tonbandgeräte. Als ich alles zurück erhielt, waren die Bündel mit den Programmheften aufgerissen, die Rezensionen durcheinandergewirbelt, und ich fühlte mich elend. Und als ich denen zu erklären versucht hatte, wer Jura Soyfer war, guckten die mich nur an mit dem gesammelten Desinteresse der ganzen Welt. Offiziere, sehr höflich, jedoch eiskalt. Ich war wütend, ich habe mich auch geschämt, weil das doch meine Landsleute waren, und der Claudia Burkhard ist es dann, als sie einreiste, am Checkpoint Charlie ähnlich ergangen. Sie sagte, schon bei der Einreise erschöpft, sie habe keinerlei Lust, jemals wieder in die DDR zu kommen. Solche Kleinigkeiten sind es, die sich eingruben und mitunter doch den Gedanken entstehen ließen, sich dem zu entziehen, es sich nicht mehr bieten zu lassen. Man konnte dagegen nicht angehen, man konnte, wenn man denn die Gelegenheit hatte, nur weggehen.

Als ich Frau Brombacher gegenübersaß, dachte ich wieder so. Sie hatte bestimmt das Gegenteil im Sinn gehabt, sie wollte Vertrauen bezeugen, aber sie wirkte wie eine bewaffnete Kommissarin der Staatsgewalt. Grenzkontrolle sozusagen.

Wurden Sie je auf Stasi-Mitarbeit angesprochen?

Nein. Ich wurde nie zu irgendwas angeworben.

DAS DRITTE GESPRÄCH

über

Irland mit Hindernissen
Mystik vorm »Eisernen«
Rotes Rathaus mit Bockwurst
Drei Jahre für einen Brief
Bauchschmerzen auf der Zunge
Tigerbenno und Esche
Elsa in Paris
Eine Anfrage beim Abwasch
Die Saalrunde des Erstaunens

2005 im »Theater am Rand« – mitten auf der Baustelle, die erst ein Theater werden soll …
Von links: Tobias Morgenstern, Thomas Rühmann, Ursula Karusseit, Jens-Uwe Bogadtke

MATTHIAS BRENNER
Was wäre, wenn? (2009)

Aaaaauuuu!, schrie plötzlich Ursula Karusseit, als ihr ein Apfel in den Nacken geknallt war. Sie war beim Erzählen gerade kurz vor dem Höhepunkt einer Anekdote aus ihrem langen Berufsleben angelangt, als sich das Obst unangekündigt vom Zweig löste und ihr die Pointe versaute. Am ersten Tag unsrer Proben für das Projekt »Siddhartha« von Hermann Hesse im »Theater am Rand« tauschten wir viele Theatergeschichten aus, nur um den Anfang der Arbeit noch ein Stück hinauszuzögern, und jeder versicherte beflissen, dass er noch nicht so voll im Text stehen würde, aber sich natürlich schon intensiv damit beschäftigt habe. Wir stellten uns dann mal im Halbkreis auf, mal in versetzter Linie oder probierten auf Stühlen den Anfangschor. Immer das Textbuch unter der Nase. Das dicke Textbuch mit den vielen Seiten, die in engen Zeilen und kleinen Buchstaben vollgedruckt waren. Unsere Falten im Gesicht wurden tiefer, die Konzentration auf das noch nicht Beherrschbare machte uns humorloser und unseren Atem beim Sprechen zittriger.

Und sie stand mitten unter uns in der Hitze der brütend heißen Bühne aus Holz des »Theater am Rand«, und keiner von uns dachte daran, dass sie auf die siebzig zugeht. Wieso auch? Darauf kommt man bei ihr einfach nicht.

Das Erste, an was ich denke, wenn sich Usch in meinem Hirn sozusagen visualisiert, zum lebendigen Bild formt – das ist ihr raucherhustendes, lungenrasselndes Lachen, das in meinen Ohren ewig seinen Klangplatz haben wird, diese kräftigen Töne, satt, wuchtig, anscheinend hämisch, aber doch so erfrischend und erlösend. Von Herzen und mit ganzer Leidenschaft ist dieser Urknall von Menschenkraft mit Sehnsucht nach Spiel und Vergnügungssucht gepaart.

Ja!, aufgerissen wie bei einem Süchtigen sind ihre jungen Augen, wenn es etwas zu erfahren gilt, über einen Freund, über eine Rolle oder über einen tragischen Umstand im Leben. Funkelnd und leuchtend, wie bei einem Kind, sind ihre jungen Augen, wenn sie sich über einen gelungenen Moment im Leben, über einen Menschen oder einen guten Witz freut. Hellwach und durchdringend sind ihre jungen Augen, wenn sie gleich eine Entscheidung fällen muss. Groß und stechend sind ihre jungen Augen, wenn sie zu einem Fluch ansetzt. Im Leben wie auch im Spiel auf der Bühne.

Sie ist sprunghaft, sanft und unberechenbar behende – wie ein Panther auf Jagd und gleichwohl hingebungsvoll faul und schnaufend, wie ein dampfendes Walross, das sich am Sonnenstrand vom Wechselspiel zwischen Wasser und Sand schaukelnd ins Wohlgefühl schubsen lässt. Es ist immer spannend, ihr zuzusehen. Wie gesagt, im Leben und auf der Bühne. Eine gebündelte Energieleistung Mensch mit hoher Strahlkraft inmitten der Alltäglichkeit, welche sie umgibt und zu der sie sich so bewusst und vollblütig bekennt. Sie ist schlau wie ein Fuchs, albern wie ein Mädchen, kräftig wie eine Raubkatze und doch auch ängstlich wie ein Zebra, dann, wenn man sie bedrängt, und ihre jungen Augen können sehr hilflos sein, wenn man sie enttäuscht.

Sie ist lebendig und von Herzblut durchflossen. Sie ist so genussvoll weise und erfahren, wenn sie genießt – und wenn sie wütend ist, dann ist ihr Zorn voller muskulöser Jugend und Kraft.

Wenn ich sie sehe, dann fallen mir Tausende von Geschichten ein, in denen sie sich Platz verschaffen würde.

Sie spendet Fantasie und erwartet sich dafür nur Eines: die Einhaltung des »Elften Gebotes« – »Du sollst deinen Mitmenschen nicht langweilen!« Ein Spruch, den ich von Billy Wilder kenne. Und so ist es mit den Dingen, die man sehr lange betrachtet: Sie verändern, sie verwandeln sich und beginnen sich zu bewegen, und sie erstürmen unsere Traumwelten. Was wäre, wenn?! – So lautet die Testfrage meiner Reise durch unsere sichtbare Welt mit Ursula Karusseit. Eben nicht »Wege übers Land«, »Der Biberpelz«, »Der gute Mensch von Sezuan«, »Der Herr Paul«, oder »Siddhartha« oder auch »Al Capone« sind die Teststrecken des Was wäre, wenn?!-Spiels, sondern die Dinge des Lebens.

Was wäre Ursula Karusseit, **wenn ...**

… wenn sie ein **Verkehrsmittel** wäre? – **Ein Bus!** Damit sie nicht alleine unterwegs ist. Damit sie Menschen mitnehmen und Nervensägen an der Haltestelle raussetzen kann. Nicht auf Linie fährt sie durch den Tag, sondern auf gebrauchten Reifen durch die Feldwege unseres Alltages.

… wenn sie eine **Pflanze** wäre? – Eine **Kartoffel.** Sie ist urig, nahrhaft, vielseitig verwertbar, und man kann auch einen Schnaps aus ihr machen.

… wenn sie ein **Möbelstück** wäre? – Ein **Drehsessel** auf Rollen! Weil sie sich danach sehnt, in Bewegung zu bleiben, rundum alles mitzuerleben und trotzdem entspannt dabei sein zu können.

… wenn sie ein **Mittagessen** wäre? – Ein **Hühnerfrikassee!** Huhn kann man viel essen, ohne dass es extra dick machen würde, heißt es. Außerdem braucht man nicht so viel zu kauen und kann dadurch zwischendurch viel erzählen.

… wenn sie ein **Buch** wäre? – Ein **Drehbuch** mit dem Arbeitstitel »Versuch zu leben. Bennos Welt – Ich habe da noch Fragen«.

… wenn sie ein **Reinigungsmittel** wäre? – **ATA!** Es reinigt gründlich und kratzt dabei unsentimental. Es braucht keine Werbung. Es ist preiswert und eine alte Erfahrung.

… wenn sie ein **Gepäckstück** wäre? – Ein **Rucksack!** Er kuschelt sich an den Körper des Trägers und schwingt im Rhythmus seiner Schritte unangestrengt mit. In seinem Innern geht es nicht um formale Ordnung, sondern um praktische Unterbringung der Dinge, die man fürs Leben braucht.

… wenn sie ein **Gebäude** wäre? – Ein **Wasserturm!** Man sieht ihn schon von weitem. Er ist ein bizarrer Ziegelbau. Er ist klassisch und mit Aussicht auf Nutzen gebaut, und dennoch haben nach seiner unmittelbaren Wirkungsepoche auch Kunstausstellungen oder Rockkonzerte in ihm Platz. Von oben kann man rundherum ins Weite sehen.

… wenn sie ein **Gewässer** wäre? – **Die Spree!** Sie fließt durch Berlin. Sie braucht Berlin. Berlin braucht sie, und Berlin verschmutzt sie. Die Spree ist Heimat und Fluchtweg zugleich. Sie ist anstrengender Alltag, der sich doch immerwährend wandelt und vom Leben erzählt, wenn man ihr nur aufmerksam zuhört.

… wenn sie ein **Drama** wäre? – Eine **Komödie** natürlich, bei der einem allerdings vor lauter Wahrheit das herzhafte Lachen im Halse stecken bleibt.

… wenn sie ein **Tier** wäre? – Ein **Blesshuhn!** Es schuftet und schuftet im Wasser den lieben, langen Tag, um die Familie am Leben zu erhalten. Es kämpft und keift, wenn man den Seinen an die Wäsche will; und wenn es an Land kommt, ist der Kopf vorgebeugt, der Hals wölbt sich, wie ein kräftiger Nacken, und es geht auf platten Füßen, fast humpelnd gegen die Regel aller Mode. Die ist ihm nicht wichtig. Abenteuer Alltag eben.

… wenn sie eine **Fernsehsendung** wäre? – Der **Wet-**

terbericht! Er ist nützlich, wenn er sich auch oftmals irrt, er versucht dennoch, jeden Tag verwertbare Erfahrungen zu sammeln, um hinter die Geheimnisse des sich immer wandelnden Klimas auf der Welt zu kommen. Er wird niemals fertig damit. Trotzdem versucht er es jeden Tag mit der Vorhersage.

... wenn sie ein **Baum** wäre? – Ein **Apfelbaum!** Er spendet Schatten. Er ist ein Regenschutz. Er trägt Früchte, die er uns einfach mal unvermutet in den Nacken fallen lässt. Wir schreien kurz »Aua!« und lachen über uns und beißen hinein und schauen blinzelnd zu seiner Krone hinauf und genießen den Tag.

Jeder, der sie erlebt, ob auf der Bühne, in Film und Fernsehen oder im leibhaftigen Alltag, würde noch viele Dinge im Leben finden, die über Ursula Karusseit zu fabulieren wären. Es wird uns nicht langweilig mit ihr, denn das »Elfte Gebot« hält sie strikt ein. Ich denke gerade an Billy Wilder, an seine Filme, an sein Lachen, und bewundere ihn sicherlich für das, was er in seinem Leben erreichte. Allerdings habe ich ihm eines voraus. Ich bin Ursula Karusseit begegnet.

Ich wünsche ihr alles Gute und viel Liebe, einem Menschen von dieser Welt und vielen anderen Welten.

MATTHIAS BRENNER,
geboren 1957, ist Schauspieler,
Regisseur und Autor.

HANS-DIETER SCHÜTT: Frau Karusseit, 1984 führten Sie erstmalig Regie. Mit diesem Debüt in der Volksbühne ist es nicht so gelaufen, wie Sie sich das gedacht hatten.

URSULA KARUSSEIT: Nicht so gelaufen? Sehr milde formuliert. Die Inszenierung erlebte die Premiere nicht! Es war Rudi Strahls Stück »Das Blaue vom Himmel«. Wenn ich mich richtig erinnere, war das Verbot unserer Aufführung überhaupt der Tod dieser Komödie. Sie wurde nie aufgeführt. Die Kulturabteilung der Armee hatte spitzgekriegt, wir würden mit unseren Kostümen die NVA auf die Schippe nehmen. Das stimmte nicht, aber die ließen sich ihre Assoziation nicht ausreden, und es kam das Veto. Wir meinten, Kosmonautenanzüge gefertigt zu haben, eine gleichnishafte Anlehnung an irgendwelches Soldatentum, bitte schön, aber die uns vorgeworfene konkrete Polemik gegen die Volksarmee hatten wir nicht eine einzige Sekunde im Sinn. Aber Einspruch war zwecklos. Vierzig Proben lagen schon hinter uns. Und während dieser Zeit war da noch der Fall eines begabten jungen Schauspielers aus Dresden, er hatte gerade sein Studium absolviert und sollte an der Volksbühne sein erstes Engagement antreten, er spielte den Teufel im Stück – und der druckste und schlich um mich herum, und irgendwann sagte er mir, sein politisches und moralisches Gewissen könne es nicht ertragen, im Stück eines Trinkers zu spielen. Da war ich erst mal baff. Gut, sagte ich, jetzt kommst du mit zur Probebühne und teilst, was du mir anvertraut hast, auch dem Ensemble mit. Was er denn auch tat. So lief das ab, mit meiner ersten Regie. Intendant Rödel hatte sich ins Regiekollektiv eintragen lassen, er wollte mir den Rücken stärken bei meiner ersten Inszenierung, aha, dachte ich, der traut mir nichts zu. Ich aber traute ihm zu, Angriffe abzuwehren, und war also einverstanden. Bis ich ihn eines Tages auf der Treppe traf, eher zufällig, und er einen Schmollmund zog und nur sagte, du, Usch, die Armee will uns das nicht spielen lassen. Dann ging er traurig weiter, und das war es dann. Wenigstens veranstalteten wir eine Riesentrauerfeier im Haus, mit unheimlich viel Alkohol.

Fritz Rödel kommt in der Autobiografie »Krieg ohne Schlacht« von Heiner Müller vor. Da kann man etwas über die Art erfahren, wie der Dichter mit Anekdoten-Material jongliert – der jeweilige Mensch war ihm mitunter egal. Es geht um die Uraufführung von Müllers »Umsiedlerin« 1961 an der Hochschule für Ökonomie in Berlin-Karlshorst, der Autor wie auch der Regisseur B. K. Tragelehn werden zu Konterrevolutionären gestempelt. Müller schreibt im Buch, auch Rödel habe, und zwar später in seiner Dissertation, das Stück denunziert. Der Dramatiker muss das aber zurücknehmen, in allen weiteren Auflagen heißt es: »In Gesellschaften ohne Öffentlichkeit gehören Gerüchte zu den Grundnahrungsmitteln, Rödel wird nicht der einzige sein, dem in meiner Erinnerung Unrecht geschieht. Die Dichter lügen zu viel, aber nicht mehr als andere Berufsgruppen.« Da ist Müller! Noch aus einer notwendigen Korrektur macht er eine geistreiche Volte.

Heiner Müller sprach wunderbar bedenkenlos seine Urteile über Menschen aus. Er ließ immer das Anekdotische durchblicken, aber das Feinere, die psychologische Behutsamkeit war sein Ding nicht. Ich will nichts gegen Rödel sagen, ich kann auch nicht bestätigen, was Heiner Müller da zum Besten gibt, ich sah freilich, dass Fritz Rödel immer in der Klemme war, wie jeder Leiter wahrscheinlich, immer zwischen Baum und Borke, immer im gezerrten Zustand zwischen Obrigkeit und Kollegen. Das hat sein Gemüt geschlaucht. Damals, nach der Strahl-Pleite, ließ er mich kommen, und ich merkte, es war ihm unangenehm, denn seine Macht hatte nicht sehr weit gereicht, das war ihm peinlich, nun wollte er nachholend seine Ohnmacht irgendwie ausgleichen oder vergessen oder wiedergutmachen. Er verwies auf die vielen jungen Leute, mit denen ich nun so vergeblich gearbeitet hatte, deren Kraft dürften wir doch nicht brachliegen lassen, und es wäre für die Talente schädlich, wenn sie nicht produktiv aus so einer unverschuldeten Niederlage herauskämen. Das stimmte, einige Schauspieler waren von der Schule gekommen, andere waren Meisterschüler bei Vera Oelschlegel gewesen …

Der Schauspielerin und damaligen Intendantin des »Theaters im Palast« der Republik? Meisterschüler?

Ja, das habe ich nie begriffen, wieso Frau Oelschlegel Meisterschüler hatte. Bei Malern, bei Bildhauern kann ich das nachvollziehen, aber doch nicht bei Theaterleitern. Vielleicht eine Mitgift dafür, dass sie eine Weile die Frau des SED-Chefs von Berlin war, Konrad Naumann. Na, wie dem auch sei: Wir suchten nach einem neuen Stück und kamen auf Synges »Held der westlichen Welt«. Wir nannten es »The Playboy of the Western World«, weil wir fürchteten, der deutsche Titel würde das Publikum abschrecken, womöglich vermuteten sie eine Polemik gegen den Westen, das wollten die Leute doch am allerwenigsten sehen. Margit Bendokat vom Deutschen Theater konnte ich für die Witwe Quinn gewinnen, mit fliegenden Fahnen kam sie zu uns und gab uns quasi ihre ganze schräge, skurrile Kraft. Das war eine Pfundsrolle, am liebsten hätte ich sie selber gespielt, aber wenn ich unten im Parkett am Pult sitze und dann noch bei der ersten Regiearbeit – das geht nicht. Das Stück spielt in Irland, natürlich versuchten wir, der Bühnenbildner und ich, eine kurze Anschauungsreise auf die grüne Insel herauszuschlagen, und ebenso natürlich wurde sie abgelehnt. Nun, dann blieb uns eben nur das Lektüre-Erlebnis, zum Beispiel das »Irische Tagebuch« von Heinrich Böll. Es mag jetzt, nach so vielen Jahren, eine Übertreibung sein, so ausführlich über jene kleine Inszenierung zu reden. Aber es war meine erste Regie, es ging alles gut, auch wenn man nicht von durchschlagenden künstlerischen Dingen reden konnte. Es war solide und hat Spaß gemacht.

Und warum reden Sie dann trotzdem so lange darüber?

Vielleicht wegen dieses einen Satzes, den ich eben gesagt habe: Es hat Spaß gemacht. Ich habe gearbeitet. Ich hatte das Gefühl, einem kleinen Stück etwas Gutes zu tun, den Mitwirkenden auch. Nie wollte ich den Beruf wechseln, also Regisseurin werden und inszenierend große Sprünge wagen, ich weiß, was ich kann und was nicht. In der Erinnerung bleibe ich merkwürdig oft an den kleinen Geschichten hängen, die sich am Rande abgespielt haben. Weiß auch nicht, warum. Das Kleine rührt eher an als das Große. Beim Stück von Synge war es so, dass wir bei Böll von irischen Kneipen lasen, in denen es Einzeltrinker gibt. Die sind, meistens durch einen Ledervorhang, abgetrennt von der übrigen Gesellschaft, die wollen mit den anderen Leuten nichts zu tun haben, der Wirt bringt denen immer was, er reicht es durch den Vorhang, und diese Solisten bleiben wunderbar allein und werden von niemandem gestört in ihrem flüssig untermalten Selbstgespräch. Eine tolle philosophische Einrichtung, finde ich. So was wollte ich auch haben in meiner Inszenierung, und ich fand den bizarren Einzeltrinker in unserem Hilfsinspizienten »Klischi«. Der war fast immer betrunken, er konnte anders gar nicht seine Arbeit machen, ein ganz lieber Kerl, der schlief manchmal im Theater, irgendwo zwischen den Bühnenapparaturen oder in irgendeiner Kemenate, da hat ihn der Nachtpförtner bei seinem Rundgang dann liegen lassen. »Klischi« war ein Wesen jenseits von gut und böse, ein Faktotum der toten Stunden, nachts, wenn die Bühnengeister auch mal unter sich sein wollen. Der hatte sonst niemanden, sein Zuhause war das Theater. »Klischi« kriegte in jeder Vorstellung einen echten Schnaps, er trat mit dem Glas auf, schrieb auf einer Tafel am Tresen an, trank aus und sagte den Satz: »Gottes Segen auf dieses Haus!« Er kriegte jedes Mal Szenenapplaus. Mit Wasser im Glas wäre »Klischi« niemals aufgetreten.

Sind Sie anders, wenn Sie von den Bühnenbrettern an den Regieplatz wechseln?

Jeder ist da anders. Auf der Bühne fühle ich mich wie jemand, dessen Talent nicht ausreicht, den Stoff zu bewältigen, ich benötige Hilfe. Unten im Parkett wächst mir plötzlich eine ganz andere Augenkraft zu, ich sehe anders, ich traue mir plötzlich zu, die Dinge zu umgreifen, in eine Form zu bringen.

War Ihnen das peinlich, mit der ersten Inszenierung, aus welchen Gründen auch immer, nicht bis zur Premiere gelangt zu sein?

Der Bühnenbildner und ich, wir verlangten für den »Held der westlichen Welt« je tausend Mark mehr Gage als üblich, das war das Zeichen, das zu setzen wir von der Leitung forderten – wir wollten wenigstens auf diese Weise eine Aufwertung, der wir künstlerisch ja leider nicht entsprechen konnten. Aber die Intendanz sollte auf diese finanzielle Weise unseren Wert bestätigen, den sie uns durch das Verbot geraubt hatte. Das Geld bekamen wir nach Murren und Zögern, und wir haben es für eine tolle Premierenfeier mit echt irischem Büfett verballert. Die Fete dauerte bis früh um acht, und sie endete mit einer absurden Szene. Leander Haußmann und sein Kommilitone Uwe Dag Berlin, die waren damals noch auf der Schauspielschule, die baten mich plötzlich, auf die Vorbühne zu kommen, der Eiserne Vorhang war geschlossen, sie hätten Szenen aus dem »Faust« eingeübt, und die wollten sie mir unbedingt zeigen. Ein Beleuchter machte etwas Licht, und die Jungs stellten sich vor den »Eisernen« und legten los. Es war irgendwie surreal, als seien wir mir einem Male wieder in einem irischen Stück, einem Stück von O'Casey. Denn wir waren zwar nicht betrunken, aber irgendwie doch wundersam benommen …

… also sogar stark betrunken.

Nein, nein, sagen wir: entrückt. So zwischen hellster Konzentration und unaufhaltsamem Verdämmern. Und nicht nur, dass die zwei Jungs da aufgedreht interpretierten – die kleine Tür zum »Eisernen« hatte sich geöffnet, und da stand nun unerwartet unsere Pförtnerin, Frau Hundt, die musste man gesehen haben!, ganz dicke Brillengläser und am Leibe einen gehäkelten rosa Pullover. Das war eine Situation; die kann kein Dichter des Absurden erfinden, zwei mit sich selber davonfliegende »Faust«-Jünglinge, und hinten Frau Hundt. So einen Regieeinfall kann nur das Leben selber haben. Und das früh halb acht … Jetzt bin ich aber schon wieder mächtig abgeschweift.

Warum haben Sie überhaupt eines Tages begonnen, Regie zu führen? Sie machen nicht den Eindruck eines jagenden Ehrgeizes.

Na ja, den Ehrgeiz, meine Arbeit bestmöglich zu tun, den habe ich schon.

Es ist die Arbeit einer Schauspielerin.

Ich hatte vor meiner Regie am Theater schon mal an der Schauspielschule unterrichtet, das Szenenstudium bereitete mir Spaß. Als ich von der Intendanz der Volksbühne das Regieangebot bekam, war meine erste Frage: »Traut ihr mir das zu?« Ich fragte zuerst die, ich fragte nicht mich. Ich war natürlich ein bisschen unsicher, und vielleicht waren es einige Schauspieler auch, möglicherweise kriegte ich deshalb zunächst keine Witwe Quinn für den »Held der westlichen Welt«.

Bis die Bendokat kam.

Ja. Ich sah das Inszenieren im Übrigen als eine zeitweilige Gelegenheit an, natürlich würde ich in erster Linie Schauspielerin bleiben. Ich machte an der Volksbühne auch nur eine weitere Regie, Joachim Knauths »Der Prinz von Portugal«, ein Märchenstück für Kinder und Erwachsene, das war kein so überragender Erfolg. Schon die Proben verliefen seltsam distanziert, Schauspieler hatten sich auf einem Gastspiel in Syrien zerstritten, die hatten zu viel Zeit zwischen wenigen Auftritten, es gelang keine aufpulvernde, treibende Atmosphäre, und nach der Premiere sagte ich mir, ich muss mich nicht weiter mit so etwas abquälen, ein Besson bin ich sowieso nicht. Obwohl ich unsere Arbeit ganz wichtig fand – aber das Ensemble machte nicht so richtig mit. Es war die Zeit der allgemeinen Müdigkeit, Mitte der achtziger Jahre. Als Rödel zu mir kam und meinte, ich müsse bald wieder inszenieren, erwiderte ich ihm ziemlich barsch, ich müsse vor allem wieder richtig spielen und könne nicht nur von dauernden Übernahmen verschlissen werden. Es war jene angedeutete Phase, da viele das Haus verließen, und ich wurde als einer der letzten »großen Namen« auf die Inszenierungen verteilt. Das war ich satt, das war unlebendige Arbeit, und ich hielt die Beschwichtigungen nicht mehr aus: Halt durch, Usch, bald geh es wieder aufwärts! Hier ging nischt mehr aufwärts. Nie wollte ich weg, nie rang ich mich durch, woandershin zu gehen, immer war mir das wie Verrat vorgekommen. Aber jetzt sagte ich klipp und klar: Ich höre auf.

Jetzt kam es zu der angedeuteten Kündigung.

Ja. Ohne Alternative bin ich diesen Schritt gegangen. Ich hatte nichts in Aussicht. Es ging mir nur um den sogenannten Befreiungsschlag. Ich wollte eine Last abschütteln. Das gibt es ja, dass man in einem einzigen Moment nur etwas loswerden will, ohne an die nächste Stunde zu denken, die vielleicht furchtbar leer sein wird. Aber dann denkt man plötzlich, aufgeladen wie die »Bremer Stadtmusikanten«: »Etwas Besseres als den Tod finden wir überall.« Für mich war die Volksbühne tot, ich sah nur lethargische Menschen und ahnte, wie ansteckend das ist. Ich setzte die Kündigung auf, und als das Kuvert zugeklebt und der Brief nicht mehr in meiner Hand waren, fühlte ich mich frei. Ich begriff mich, wie gesagt, nie als Star oder sonst wie was Besseres, aber jenes Aushängeschild wollte ich nicht länger sein. Freilich muss gesagt sein, wenn man nicht aus politischen Gründen ins Abseits gedrückt wurde – bei so einer Kündigung, wie ich sie vollzog –, hatte man nicht jene tiefe innere Angst, wie man sie vielleicht heute hat. Die DDR war kein freier Markt, man wusste, dass man nicht durch die Netze rauschte. Wer weiß, ob ich heute noch so kühn wäre, eine sichere Arbeit aufzugeben. Freiheit hin, Freiheit her, die sozialen Zwänge bauen hohe Zäune.

Ein wesentlicher Aspekt, der die Stabilität der DDR durchlöcherte, ihre Glaubwürdigkeit angriff und ihre Autorität mehr und mehr unterhöhlte, war zweifellos die unwiderrufliche Ausreise von Künstlern in den Westen. Die sprach sich herum, die griff ein in die Empfindungen der Menschen, die entblößte den Staat – man stellte schon Fragen, wenn Publikumslieblinge plötzlich weg waren. Haben Sie selber je daran gedacht, in den Westen zu gehen?

Ausreise stand für mich nie zur Debatte. Ich befand mich zu keinem Moment in einer persönlichen oder künstlerischen Situation, in der ich endgültig hätte sagen müssen: Ich bin jetzt so verzweifelt, so unglücklich, so am Limit, ich werde so schikaniert, dass nur noch ein unwiderruflicher und rücksichtsloser Weggang aus der Klemme hilft. Ich hatte eine Arbeit, die ich gut machen konnte; ich hatte Kollegen, mit denen ich gern zusammen war; und an den nervenden, manchmal so blöd unnötigen Konflikten, die man in der DDR durchstehen musste, litt ich nicht derart, dass ich den Westen als Alternative angesehen hätte. Ich fühlte mich oft sogar mit den Unvollkommenheiten dieses Systems verbunden, ich führte sie auf unser aller Unvermögen zurück, ich schob sie nicht auf die Theorie oder aufs Politbüro, ich sah den Staat als eine Gesellschaft der Lernenden – wir würden das schon noch hinkriegen, das war immer der letzte Gedanke, wenn einem wieder mal der Kragen geplatzt war.

Nun sahen aber auch Sie, dass Kollegen weggingen, mit der Zeit immer mehr, Kollegen, die doch gewiss lange Zeit ebenso gedacht hatten wie Sie.

Jeder einzelne Mensch hat für seine Entscheidungen ein anderes Maß an Geduld oder Konsequenz.

Vielleicht hatten Sie Angst, in Westdeutschland nicht den gleichen Erfolg wie in der DDR zu haben?

Fragen Sie nun nach meinem Verhältnis zur DDR oder nach meinem Unvermögen, mich immer schon als heimlicher BRD-Bürger zu empfinden? Wenn jemand vom System im Osten den Kanal voll hatte, dann überwog dieses Unglück alles, was man hier besaß, Freunde, materielle Werte, eine gesicherte Existenz. Wer hier unglücklich war, nahm jedes Risiko auf sich. Ich war aber nicht unglücklich, so einfach ist das zu beantworten.

Manche nennen das Anpassung.

Dann will ich wissen, wer diese »manchen« sind. Ich will wissen, wie sie selber lebten in der DDR, was sie für Erfahrungen mit ihren eigenen Möglichkeiten machten, wie konsequent sie falschen Kompromissen aus dem Wege gingen. Als ich 1988 in Zürich Brechts »Mann ist Mann« spielte, wurde ich von Kollegen gefragt, ob ich nicht im Westen bleiben wolle. Nein, habe ich gesagt, warum?, ich gehöre dorthin, wo ich meine Ausbildung gemacht habe. Ich ging immer wieder zurück, weil ich in der DDR, im wahrsten Sinne des Wortes, so viele Hoffnungen gelassen hatte. Ich dachte: Ich bin Schauspielerin im Osten geworden, weil ich Schauspielerin im Osten sein wollte, also gehe ich da auch wieder hin. Millionen Menschen lebten in der DDR, mit der gleichen Mühe, wie man in allen Ländern der Erde lebt. Die einen Staaten haben Probleme mit der Reisefreiheit, in anderen Ländern liegen die sozialen Rechte im Argen. Es ist doch nirgends ausgemacht, dass der Mensch ein glückliches Leben einzig und allein in einer vollendeten Gesellschaft finden kann. Die gibt es nicht. Ich sage das nicht gegen die Menschen, die es nicht mehr aushielten im Land, ich sage es nur, um mich selber zu erklären. Ich glaube an keine perfekte Gesellschaft, ich sehe überall den sich mühenden Menschen, der viel zu rudern hat, wenn er sich ein bisschen Glück bewahren will – und immerhin sah ich im Sozialismus einige Ansätze, beladenes Leben, vor allem von Arbeitern, sogenannten einfachen Leuten, sozial anders zu organisieren als im Kapitalismus. Und weil Sie nach der Angst fragten, im Westen vielleicht nicht so erfolgreich zu sein: Ich wollte in dem Sinne erfolgreich sein, dass die Leute gern in unser Theater kommen. Das war der Fall, sehr lange jedenfalls, und da sah ich keinen Grund, abzuhauen. In Frankfurt am Main, wo ich die Elisabeth in »Maria Stuart« gespielt habe, sagte ein Schauspieler zu mir: »Klar, dass ihr ganz gute Kunst gemacht habt in der DDR – ihr wart ja in einem Ghetto.« Da habe ich den angeguckt und gedacht, ich muss ihm eine knallen. Im Ghetto! Ich habe mich nie wie in einem Ghetto gefühlt.

Sie meinen, Leben hat immer eine akrobatische Dimension. Es bleibt in jeder Gesellschaft ein Seiltanz, Wagnis, und nicht immer sind die Sicherheitsnetze aufgespannt. Es ist überall etwas, das man, mal mehr, mal weniger, den jeweiligen Verhältnissen abtrotzen muss.

Ich glaube einfach nur, dass ich so fühlte wie viele Menschen in der DDR. Wir waren nicht alles Republikflüchtige, die auf gepackten Koffern wohnten. Mir hat mal einer ziemlich wütend entgegengehalten, was in der DDR alles »Scheiße« sei. Ich habe ihm recht gegeben, eine kleine Atempause gemacht und dann noch hinzugefügt: Auch Scheiße bindet!

Genossin waren Sie nie.

Man hat mich ab und zu mal gefragt, ob ich nicht in die SED eintreten wolle. Aber ich hatte keine Lust auf Versammlungen und noch weniger Lust auf Disziplin. Da ließen sie's sein mit der Bedrängung. Ich habe denen gesagt, sie sollen mich als parteilosen Genossen akzeptieren, da hätten sie wenigstens jemanden, der offen seine Meinung sagt. Wenn ich erst Parteimitglied sei, würde mir doch kein Mensch mehr zuhören, weil ich irgendwann nur noch nachbeten würde, was mir irgendwelche Beschlüsse diktieren. Die »Fehlerdiskussion« war doch verpönt bis dorthinaus. Schauspieler Harry Hindemith, ein überzeugter alter Kommunist, er spielte damals in vielen DEFA-Filmen, stand mal bei unserem Kaderleiter, er bezahlte gerade seine Parteibeiträge, und er fragte, na, wann tritt denn die junge Kollegin Karusseit in unsere Reihen ein. Der erwiderte nur in stoischer Ruhe: »In Bälde, in Bälde.« Das war's. Ich hatte meine Kritik an der DDR und hielt nicht hinterm Berg. Meine Meinung habe ich weder geschluckt noch umgebogen. Aber natürlich war ich keine verkappte Widerstandskämpferin. Manchmal hatte man so seine Wutausbrüche. Ich guckte mal vom Balkon in meiner Köpenicker Wohnung, und da hatten zwei Polizisten einen Mann regelrecht geknebelt, sie bedrohten ihn mit der Pistole, ich brüllte: Ihr Schweine!, ihr seid bloß stark mit der Waffe in der Hand! Ich wusste gar nicht, was los war, vielleicht handelte es sich tatsächlich um einen gefährlichen Kerl, aber ich brüllte los. Das war das Temperament, weniger der Mut zur Kritik. Ich hatte meine Bauchschmerzen immer auf der Zunge.

Hatten es Parteisekretäre schwer am Theater?

Die sind mir nie so aufgefallen, die Funktion lief gewissermaßen mit, frei nach dem müden Motto: Einer muss es schließlich machen. Denen war schon klar, was für ein Wind an einem Theater weht. Als Besson schon weg war, kriegten wir einen Parteisekretär, der kam merkwürdigerweise aus dem Fischverarbeitungswerk Rostock.

Das erinnert an die Frau des sowjetischen Außenministers Molotow, Polina. Die war Volkskommissarin für Fischverarbeitung und für Parfümindustrie.

Erstaunlich, wie manches so zusammenkommt in der Politik.

Der Konsistorialpräsident Stolpe wurde eines Tages Verkehrsminister. Flexibilität!

Dieser neue, jungforsche Parteisekretär, das war einer von der Gilde derer, die auf dich zukommen, als würden sie dich schon Jahre kennen und nun endlich die alte dicke Freundschaft auffrischen wollen. Ich mochte Leute nie, die von außen hereingeschneit kommen und unseren Beruf gar nicht kennen. Im flotten Turnschuhschritt kam der und rollte verwegen sein norddeutsches »R«. Als er uns vorgestellt wurde, hielt er eine Rede, worum ihn keiner gebeten hatte, und dann sagte er: »Wir sind ja alle Genossen, und da duzen wir uns natürlich alle.« Ein Regieassistent und ich hoben die Hand: »Wir sind keine Genossen, Herr Soundso.« Da sagt der doch glatt: »Mag sein, aber wir sind alle in der Gewerkschaft, da duzt man sich auch.« Das war die Kultur der Partei. So lief das bei uns. Der Regieassistent meldete sich noch einmal und sagte den schönen Satz, den ich mir gemerkt habe: »Wissen Sie, ich möchte doch lieber beim ›Sie‹ bleiben – es schärft die Sinne.«

Waren Sie eine Unbequeme an der Volksbühne? Eine Kritische, eine Aufsässige?

Nach dem jetzt allgemein gültigen Urteil über Charakter und Courage in der DDR kann ich es kaum gewesen sein, denn ich verteidige ja wohl zu viel meines früheren Lebens. Im Ernst und noch einmal wiederholt: Ich habe immer gesagt, was ich auf dem Herzen hatte. An Herzdrücken werde ich nicht sterben. Wenn das Herz auf diese Weise frei bleibt, halten die inneren Organe besser durch, glauben Sie mir. Ich bin auch mal auf den Intendanten Rödel zu, weil ich erfuhr, dass in dem Haus in Köpenick, in dem ich wohnte, in meiner Abwesenheit über mich geredet wurde. Eine Frau, angeblich vom Kulturamt Marzahn, hielt Nachbarinnen einen blauen Ausweis vor die Nase und zog irgendwelche Erkundigungen ein. Kulturamt, von wegen! Zwei Etagen höher saß ich, und unten quatschten die über mich. Eine der Bekannten erzählte mir das anschließend leutselig, ich dachte, ich werd nicht wieder. Was will denn eine Kulturzicke aus Marzahn in Köpenick, das liegt schließlich nicht gleich um die Ecke. Ich, wie gesagt, am nächsten Tag zum Intendanten: »Pass mal auf, mein Lieber, ihr habt doch hier auch Stasi im Haus, ich möchte wissen, wer die Frau war. Ich habe nichts zu verbergen, sie hätte zu mir kommen können.« Er zuckte mit den Achseln: »Ach weißt du, Usch, die vielen Arten Stasi, die wir in Berlin haben – da wird es schwer, die Herkunftsstelle dieser einen Frau rauszukriegen, aber ich werde mich drum kümmern.« Ich habe nie wieder was davon gehört, aber immerhin, ich hatte mir Luft gemacht, das beruhigte mich schon.

Lieber wieder zum Beruflichen: Ihre erste große Hauptrolle, wir haben es gestreift, hatten Sie beim Fernsehen.

Das kann sich wahrscheinlich von den Jüngeren heute niemand vorstellen: Es gab eine Zeit, da war Fernsehen anspruchsvolle Kultur. Es gab einen richtigen Spielplan für Studio-Inszenierungen von Theaterstücken. Die wurden sogar in der Hauptsendezeit aufgeführt, diese Praxis hielt sich lange Jahre. Und das trotz der vielen Bühnen im Land. Ich spielte in so einer Fernsehinszenierung die Sonja in Tschechows »Onkel Wanja« und die Titelrolle in Hauptmanns »Rose Bernd«. Mein Debüt der etwas größeren Präsenz auf dem Theater war »Mein Freund« von Pogodin. Ich spielte die Xenia, die Sekretärin der Hauptfigur. Das war Theater der totalen Einfühlung, denn ich verliebte mich sofort in den Darsteller dieses Chefs, Horst Drinda. Aber nur platonisch. Klaus Piontek spielte auch mit. Er, Drinda und andere waren vom Deutschen Theater gekommen, es wurde damals eine Fusion der Berliner Theater versucht, die aber bald wieder aufgegeben wurde.

Wir müssen über Benno Besson reden. Eberhard Esche, der Lanzelot in Bessons berühmter Inszenierung »Der Drache«, nannte diesen Regisseur »Tigerbenno«.

Ja, weil er beim Inszenieren immer zwischen den Stuhlreihen im Zuschauerraum herumlief, lauernd, auf dem Sprung. Von einer starken Konzentrationsfähigkeit war er, die aber auch was ungemein Leichtes, Unangestrengtes hatte. Er konnte nicht ausstehen, wenn man auf der

Bühne als Privatperson herumwirtschaftete. Er war kein Regisseur der großen gedanklichen Bögen, er theoretisierte nicht, er verlor sich nicht in Interpretationen, er sagte nur immer: »Müssen wir gucken im Detail.« Was zur Folge hatte, dass er eigentlich nie fertig wurde mit seinen Inszenierungen. Es konnte passieren, dass noch am Premierentag gepusselt und gebastelt wurde. Man stand als Schauspieler immer in der schönen Gefahr, dass das unsichere Neuland nicht aufhörte, wo man doch längst geglaubt hatte, endlich festen Boden unter den Füßen zu haben.

Noch mal Esche: Besson »verband brechtsche Vernunft mit der Grazie des großen französischen Theaters«.

Esche und Besson waren vor ein paar Jahren beide in einer Akademie-Veranstaltung, es ging um Fred Düren, der extra aus Jerusalem kam, und Esche und Besson hatten sich seit Urzeiten nicht gesehen – da passierte das Komische, dass Besson den Esche nicht erkannte. Die Diskussionsteilnehmer saßen alle an einem Tisch auf der Bühne, und als Esche vorgestellt wurde, beugte sich Besson überrascht nach vorn, blickte zur Seite, wo sein früherer Lanzelot-Darsteller aus dem »Drachen« saß und rief verwundert aus: »Esche?!«

Esche beschreibt das in seinem Buch »Der Hase im Rausch«, und er war ziemlich pikiert, denn da steht: »Erkennen hätte er mich schon können! Ich erkannte ihn ja auch. Zugegeben, wir waren alle etwas älter geworden. Zugegeben, die Jahre unserer spektakulären Erfolge lagen mehr in unserer Jugendzeit. Zugegeben, er hatte sich etwas verändert, seine Haare standen jetzt weit in die Luft, früher blieb das nur seinen Augenbrauen vorbehalten, die nun vor überwallender Haarpracht weniger auffielen. Aber es

war schon der Benno, das sah ich sofort. Er sah es nicht
bei mir, und ich dachte, na, was hat er denn gegen dich.«

Das ist eine herrliche Szene gewesen, die natürlich auch zeigt, wie verflucht und gnadenlos vergänglich Theater ist. Man macht etwas, ist innig verschworen und verbunden, und irgendwann sitzt man gemeinsam an einem Tisch und erkennt einander nicht mehr. Ich will diese Szene nicht überstrapazieren, aber sie hat, wenn man sich nur tief genug hineindenkt, etwas von einem großen Gleichnis über die Flüchtigkeit unseres Lebens. Andererseits ist die Episode einfach nur lustig. Ich könnte mich immer amüsieren, wenn Menschen von ihrer Eitelkeit gepackt werden und ihnen das gleichzeitig auch ein bisschen peinlich ist.

Sie sind nicht eitel?

Wer kann das denn schon so beantworten, dass er heil herauskommt! Auch ich habe den Beruf des Schauspielers nicht ergriffen, um auszuprobieren, wie man in Mauselöchern verschwindet. Ein paar Scheinwerfer dürfen mich schon umgeben, und groß darf die Bühne auch sein. Aber ich wage die Behauptung: Außerhalb des Terrains meiner Berufsausübung empfinde ich mich als uneitlen Menschen.

Sie haben immer wieder den Regisseur und Intendanten Wolfgang Heinz als Ihren großen Förderer bezeichnet – für Benno Besson aber war er eine Art rotes Tuch. In einem Interview sagte Besson: »Was Heinz getrieben hat, war schwerwiegend für mich. Ich besuchte Wolfgang Langhoff in der Klinik, er war schon sehr krank, und er warnte mich vor Heinz. Noch auf dem Totenbett! Heinz dachte, ich wolle die Macht übernehmen am Deutschen Thea-

ter – wie ich sie schon am Berliner Ensemble hätte haben wollen. Merkwürdigerweise haben in der DDR immer alle gedacht, ich wolle irgendeine Macht übernehmen. Aber mit Macht hatte ich nie etwas im Sinn. Ich bin später nicht aus gekränkten Machtgefühlen weggegangen, sondern deshalb, weil Eitelkeit und Misstrauen der Parteileute und damit der kulturelle Schaden für mich eines Tages zu groß wurden. Wolfgang Heinz zum Beispiel verhinderte, dass wir nach Florenz fuhren mit ›Frieden‹ und ›Ödipus‹. Fred Düren war bereit, beide Rollen hintereinander an einem Tag zu spielen. Damals hatte die Antike im europäischen Theater kaum eine Bedeutung. Es gab keinen Vorschlag, wie man diese Epoche darstellen könnte. Unser Vorschlag, bezogen auf eine Tragödie und Komödie gleichermaßen, war der einzige. Dieser Florentiner Auftritt hätte Folgen gehabt, in seiner Impulswirkung. Das ist aber alles brav in Ostberlin stecken geblieben. Ich habe das nie verzeihen können, und ich bitte das nicht zu verwechseln mit persönlicher Eitelkeit.«

Ich muss gestehen, ich gehörte in meinen frühen Jahren nicht zu denen, die ganz wach und neugierig und mit heißem Bemühen, überall zu den Eingeweihten zu gehören, die alle so verzwickten politischen Vorgänge am Theater verfolgten. Ich war jung, ich war Anfängerin, ich war eine ganze Weile erst mal nur mit Staunen beschäftigt. Später kriegte ich dann mit, dass Wolfgang Heinz und Benno Besson total entgegengesetzte Typen sind. Heinz war als Regisseur der Einfühler, der Psychologe, Besson der Komödiant.

Und, wie gesagt, die beiden konnten einander nicht leiden. – In seinem Buch über das Deutsche Theater schreibt Alexander Weigel: »»Der Drache‹, im Spielplan bis in die achtziger Jahre mit fast sechshundert Aufführungen, wird

147

zur erfolgreichsten Inszenierung des Deutschen Theaters in seiner Geschichte. Sie ist der Prototyp eines Theaters, das, umgeben von politischer Starre (der Parteiführung) und ermutigt von geistiger Unruhe (eines Teils des Publikums), eine durch Kunst unangreifbare, undeutlich-deutliche Sprache zu entwickeln beginnt. Schwarz' antistalinistisches Märchen einer vom Drachen beherrschten Stadt, vom Helden, der ihn besiegt, und von einem kriechenden Bürgermeister, der danach der nächste ›Drache‹ wird, ist als politische Parabel lesbar.«

Damit ist alles gesagt. Besson würde jetzt wieder verschmitzt lächeln und gegen jeden Verdacht von zu großen Tönen sagen: »Da müssen wir gucken im Detail.«

Dass Sie später selber begannen, Regie zu führen – hatte es mit Besson zu tun?

Unmittelbar? Nicht jeden Einfluss im Leben kann man mit Datum und Adresse dingfest machen. Aber ganz klar hat er Spuren gelegt und hinterlassen. Mich hat seine Genauigkeit fasziniert, du konntest ihn mit keinem Tonfall betrügen. Er unterbrach gnadenlos und, wenn es ihm darauf ankam, unablässig. Wie ein tropfender Wasserhahn, immer wieder und immer weiter, ping, ping, ping. Man konnte dabei auch Zustände kriegen. Die erste Arbeit mit ihm war der »Moritz Tassow« an der Volksbühne, das Hacks-Stück, das nach neun Aufführungen verboten wurde. Es gibt Fotos, auf denen sehe ich heute noch, wie verklemmt ich war, mit dem großen Besson zu arbeiten. Erst ganz langsam löste sich die Verkrampfung – aber da war auch schon Schluss mit der Inszenierung.

Sie wussten, wer er war.

Ja. Ich hatte am Deutschen Theater seinen »Tartüff« gesehen, auch »Zwei Herren aus Verona«. Das war 1963 und 1964. Bei den »Zwei Herren aus Verona« war ein Hund mit auf der Bühne, der kackte dort hin, und Eberhard Esche hat das in seinem Buch »Der Hase im Rausch« zum Schreien komisch beschrieben. Der Hund hatte den Fred Düren angepinkelt, der stand da wie ein begossener Pudel, und dann schiss das Tier auch noch! Der Saal krümmte sich vor Lachen, Düren war hilflos, stumm und starr wie eine Säule, irgendwann legte sich der Lärm, und er konnte endlich seinen ersten Shakespeare-Satz sagen, und der lautete ausgerechnet und wahrheitsgemäß: »Die ganze Welt ist in großer Verwirrung.« Das passte genau zur Situation und war ein neuerlicher Grund für Lacher und Applaus. So etwas hat ein Schauspieler nicht gern, wenn die Leute statt auf ihn auf einen Hund gucken. Tiere auf der Bühne sind die Hölle. Die spielen dich glatt an die Wand.

Gab es für Sie je Anfechtungen, ans Berliner Ensemble zu gehen?

Nein, nie. Dieses Theater war mir durch die Erzählungen Bessons suspekt geworden.

Heiner Müller hat erzählt, Wekwerth und Palitzsch wollten den Besson aus dem BE rausekeln, weil er der Bessere war. Wekwerth: »Lachhaft. Das ist auch so eine Heiner-Müller-Leserei aus dem Kaffeesatz. Besson war einfach anders, ja, und es gab Streit um künstlerische Lösungen. Und sicher gab es an so einer Konzeptbühne wie dem Berliner Ensemble in solchen Fragen besondere Schwierigkeiten. Aber ihn hinausgedrängt? Nein. Wir waren für ein Kollektiv unterschiedlicher Leute. Ich glaube eher, dass Besson das Kollektiv nicht ertrug. Er war Individualist. Nicht zu seinem Nachteil übrigens.«

Brecht nannte den Besson einen Bohemien. Ihm fehlte der Sinn für Schule, und das Berliner Ensemble muss ihm wie Schule vorgekommen sein. Er konnte keine Stückfabeln schreiben, keine Konzeptionen. Er hat die Notate von der »Hofmeister«-Inszenierung Brechts verloren, verschlampt, er sagte später, vielleicht habe sie ihm jemand geklaut, um ihm eine Falle zu stellen. Er war für Notate ungeeignet.

In einem Interview sagte er: »Diese chinesische Art, sich tief vor dem Lehrer zu verbeugen, die lag mir nicht, und Brecht merkte das. Der Erwin Strittmatter konnte das auch nicht, deshalb verstand ich mich immer gut mit dem Erwin. Dieses Hochblicken zum Meister – nein, das war nicht meine Art. So etwas ist eine verfluchte Fleißarbeit: immer jemandem alles von den Lippen abzulesen. Für so etwas war ich vielleicht einfach zu faul. Palitzsch und Wekwerth, die ich gern gehabt habe, die konnten das, die hatten diesen Fleiß. Die fühlten sich nach Brechts Tod als verantwortungsbewusste Fortsetzer. Ich, dazu noch Ausländer, wollte immer mehr mein eigenes Ding machen.«

Besson wollte nicht mehr zu den Brecht-Schülern gehören, weil das quasi eine Massenorganisation geworden war. Als Brecht in seinem Eisensarg beerdigt wurde, das erzählte mir Besson, da sollte der Dichter nach dessen Verfügung von seinen Schülern getragen werden. Besson kam gar nicht mehr in die Nähe des Sarges, der war mit Brecht-Schülern schon total umklebt. Die wurden von Minute zu Minute mehr. – Irgendwann, lange nach diesen Zeiten, kam Besson mal mit Manfred Wekwerth nach Hause zu uns, sie hatten sich wieder »verbrüdert«. Zu frühen BE-Zeiten waren beide in Karl-Marx-Stadt, hatten »Die Tage der Commune« inszeniert, und da muss es gekracht haben. Die Temperamente passten nicht zusammen. Na, jedenfalls kamen die angetütert und friedlich und versöhnt bei mir zu Hause an, jetzt wollten sie unbedingt »Die Tage der Commune« in Leningrad inszenieren. Aber daraus wurde nichts.

Auch als junge Schauspielerin hatten Sie kein Bedürfnis, an dieses Welttheater BE engagiert zu werden?

Nein. Ich bin dort viel gewesen, habe zahlreiche Aufführungen gesehen, aber nie sah ich mich selber auf dieser Bühne. Als ich die Chance erhielt, im »Drachen« am Deutschen Theater zu spielen, dachte ich zunächst, das dürfe ich gar nicht – wenn man einen festen Vertrag hat, in dem Fall bei der Volksbühne, dann darf man nicht woanders eine Arbeit annehmen, und sei es die verlockendste. So war ich gestrickt. Besson sagte, wenn man was will, muss man dafür kämpfen, gegen alle Bedingungen, die den Wunsch oder eine große Möglichkeit behindern, man muss dann die Bedingungen zu ändern versuchen, die einem im Wege stehen. Ich wusste das nicht, ich rührte mich nicht, mir fehlte das Selbstbewusstsein. Das war sie, die typische DDR-Erziehung. Bei mir hatte sie funktioniert. Außerdem war da noch eine ziemliche Lügerei im Gange, als ich die Elsa im »Drachen« spielen sollte. Horst Schönemann und Gerhard Wolfram vom Gorki Theater – es war die Zeit der Fusion mit der Volksbühne – behaupteten stark und fest, ich könne nicht ans Deutsche Theater, denn sie bereiteten gerade »Um neun an der Achterbahn« von Claus Hammel vor, ich sei für eine Hauptrolle vorgesehen. Als es dann sehr praktisch wurde mit dem Spielplan, stand ich nicht mal für eine Nebenrolle auf dem Besetzungszettel. Die hatten mich getäuscht. Die wollten mir nur die Elsa versauen. Später hat es dann zum Glück doch noch geklappt.

Nach Ihnen hat Cox Habbema die Rolle der Elsa über-nommen.

Esche und sie waren schon verliebt, und ich wollte nicht, dass eines Tages gesagt würde: Die Karusseit ist zu alt für die Rolle.

Wie lernten Sie Benno Besson privat kennen?

Kennengelernt habe ich ihn eigentlich durch das Vor-sprechen für die Elsa. Seine Assistentin Brigitte Soubey-ran, die auch schon beim »Frieden« in seinem Team war, gab mir das Stück und sagte, Besson habe Interesse an meiner Mitarbeit.

Merkwürdig, dass er sich außerhalb des Deutschen Thea-ters nach einer Darstellerin umsah.

Ja. Er hatte mich auf der Bühne gesehen, und irgendwie schien ich ihm die richtige Besetzung zu sein. Da waren wir aber überhaupt noch nicht zusammen.

Zu den Mitarbeitern beim »Drachen«, Sie sagten es bereits, gehörte auch Wolf Biermann.

Er bedrängte Besson immer, das Märchen von Jewgeni Schwarz DDR-konkreter, widerständiger, oppositionel-ler zu inszenieren. Man sollte ganz klar die Kritik an den bestehenden Verhältnissen erkennen. Das Theater müsste unmittelbare antistalinistische Schärfe haben. Im Grunde sah Biermann den einzigen Maßstab für den Wert und den Erfolg der Arbeit darin, dass sie verboten werden könnte. Er war kein Hauptmitarbeiter an der In-szenierung, aber sein Quengeln machte sich schon be-merkbar. An Besson tropfte das ab. Solch vorgeschlagene Art von Theater mochte er nicht. Er inszenierte das Märchen, und wer gemeint sei, das ergäbe sich über die Kraft der Gleichnisse. Besson vertraute der Poesie. Er ließ sich von Biermann nicht beeinflussen. Er mochte ihn nicht. Nach der Premiere sagte Ulbricht zu Besson, ja, solche Duckmäuser, wie sie das Stück zeige, kenne er auch. Besson mochte es, wenn er auf solch listige Weise seine Wahrheiten durchbekam.

Wie sind sich Besson und Sie nähergekommen?

Eine unserer ersten Begegnungen fand an einem Kneipentisch statt, in Schöneweide. Wir tranken Bier, er fragte mich, was ich gerade mache. Ich probte Tschechows »Heiratsantrag« im »3. Stock« der Volksbühne, Regie führte Wolfram Krempel. Ich erzählte Besson, dass der seine Assoziationen und Spielvorschläge immer in Farben ausdrückte, er sagte zum Beispiel, spiel das mal etwas blauer. Das begriff ich nicht, ich konnte nichts damit anfangen. Besson lachte lauthals über diese seltsame Methode. Dann haben wir an dem Tisch ein paar schauspielerische Haltungen meiner Figur besprochen, ich fand seine Vorschläge einleuchtend und war beeindruckt und schlug dem Krempel bei der nächsten Probe die Besson-Variante vor. Dummerweise sagte ich das vorher an, da war er natürlich sofort »zu«, er lehnte meinen Vorschlag ab, das passe nicht in seine Konzeption. Ich spielte also seinen Stiefel weiter, hatte mir aber den anderen Weg eingeprägt, und bei der Premiere – es ist ja nur ein kleines Stück – warf ich die gesamte einstudierte Bravheit ab, holte die kurze Besson-Lehrstunde aus dem Gedächtnis hervor, spielte, und hinterher kam Krempel glückstrahlend und besserwisserisch: Na sieht du, es ging doch!

Und irgendwann kam das erwähnte »Drachen«-Vorsprechen bei Besson.

Ja, es ging um den kleinen Monolog der Elsa auf dem Marktplatz, ich lernte den Text über Nacht und ging am nächsten Morgen zur Probebühne in der Reinhardtstraße. Ein paar Mal unterbrach er mich, gab Hinweise, und am Ende schien das alles zu seiner Zufriedenheit gewesen zu sein. Er lief seine bekannten Gänge, und dann gingen sie weg, und ich wartete auf das Urteil. Diese berüchtigte Elendslage des Schauspielers, wie im Gericht: Freispruch oder Todesurteil? Immer wieder eine entsetzliche Gemütsprüfung, du stehst da wie ein Pennäler, kannst nichts machen, kannst nur ohnmächtig abwarten. Man weiß auch nie, was im Kopf eines Regisseurs vor sich geht, man zaubert einen Text hervor, aber am Ende entscheidet, dass du ihm vielleicht als Typ nicht passt. Du steckst gefangen in deinem Körper, in deiner Ausstrahlung. Wir sprachen darüber.

Die Lösung?

Man muss total der eigenen Art vertrauen. Man muss glaubwürdig man selber sein. Das ist das Schwerste, aber nur so geht es. Alles oder nichts.

Heute hört man des Öfteren den Vorwurf, Politiker benähmen sich wie Schauspieler, und das wird interpretiert, als fehle ihnen jede Echtheit.

Das ist beleidigend!

So sind die Rollen verteilt in der Politik: Das Stück langweilt, die Inszenierung wird vom Blatt gespielt – das alle vor den Mund nehmen, um Zahnlosigkeit zu verbergen. Politik bietet keine Dramen.

Es prallen keine Welten aufeinander; keiner ein König, der dem Narren in sich Leine lässt; keiner ein Narr, der einen König aus sich zu machen weiß. Im Grunde liegt ein Ton der Verachtung in so einer Charakterisierung, die Politiker seien eine Art Staatsschauspieler. Max Reinhardt, der große Regisseur des Berliner Theaters, bezeichnete als Kern der Schauspielkunst: wesentlich zu werden; nicht Verstellung, sondern Offenlegung zu betreiben. Die Maske ist nur das Hilfs-Mittel, hinter dem Schauspielende gnadenlos ungeschminkt des Menschen Kern präsentieren.

Ja, mit ihrem Körper, den sie uns hinwerfen und hinschwitzen, den sie traktieren und uns entgegenrecken. Und zwar gegen alle Hemmungen, denn sie setzen sich in ihrer Verrücktheit, Verstiegenheit, in ihrer Art, öffentlich intim zu sein, einem gnadenlosen Urteil aus. Auf Bühnen werden die unsterblichen Lügen einer Dichtung einzig wahr im Authentischen von Menschen, die sich verausgaben mit dem, was ihnen von der Natur gegeben ist. Sie haben recht: Wann sind wir denn im Theater beglückt, berauscht, beseelt, weggerissen aus der Profanität, die wir unser Leben zu nennen gezwungen sind? Dann, wenn wir meinen, da vorn auf der Bühne verwandelten große Virtuosität und erregende Aura einen Spieler in ein grenzenlos gefährdetes Wesen, das in einer Rolle aufgeht – doch ganz bei sich selber ist. Und plötzlich wissen wir nicht mehr, was ist Leben, was ist Kunst, was ist Spiel und was tödlicher Ernst, und wir sehen einen Menschen auf schmalstem Grat zwischen Auffahrt in einen Himmel und Absturz in eine Hölle. Es geht im Spiel darum, in fremder unwahrer Haut ahnbar zu machen, was in einem selber steckt: wahrer Prinz und König, wahrer Liebhaber und Ehebrecher; ein wahrer Mörder natürlich auch. Verwandlung heißt, Anverwandtschaften deutlich zu machen.

Ich glaube: Wer sich nur gut verstellen kann, aus dem wird nur ein mittelmäßiger Schauspieler.

Was führt zum guten Schauspieler?

Zum guten Schauspieler führt einzig der Mut, die eigenen Unsicherheiten, das eigene Anfechtbare, den eigenen Abgrund aberwitzig auf die Bretter zu werfen. Die ganz Großen sind immer wieder anders und bleiben doch stets sie selber. Das ist die Dialektik, die die Menschen an diesen Narren lieben.

Jetzt muss man eigentlich nicht mehr über Politik reden. Dort herrscht, um Profil zu bilden, eine Marketing-Strategie, die schleift, glättet, einebnet. Maskierung als Versteck. Wer dran risse, hätte schon das Gesicht in der Hand. Da wird etwas zur Schau gestellt, was eingängig wirken soll. Es ist aber das Gegenteil von Schau-Spiel. Es ist auch das Gegenteil von Theater, es ist nicht einmal Zirkus, in den die Leute nämlich nicht wegen des Netzes unterm Trapez gehen. Politischer Auftritt ist, indem er Authentizität vorgaukelt, die blanke Fälschung. Denn nichts darf ein Politiker weniger sein als authentisch. Das senkt sofort seine Werte für Austauschbarkeit. Er ist doch aber das Produkt, das möglichst allen gefallen soll. Deshalb sind Medien-Berater und Schminkkünstler traurige Arbeiter am Paradoxon: Sie produzieren Individualisten – von der Stange. Lauter Ichs reloaded, von links bis rechts und wieder zurück. Noch das Bunteste kräftigt die Front der Entfärbten.

Schauspieler neigen zum Mumpitz. Aber da steckt, wenn man genau hinsieht, schließlich auch das Wort »Mut« drin.

Um auf Besson zurückzukommen …

156

Ja, irgendwann bei diesem Vorsprech-Termin kam Brigitte Soubeyran wieder zurück, sie hatten sich beraten, und sie teilte mir mit, ich solle die Elsa spielen. Und dann passierte das eben, dass meine Chefs mir die schöne Aufgabe verweigerten. Katharina Lind spielte dann die Elsa, eigentlich hatte sie ein großes Filmangebot, aber bei Besson zu spielen, das war schon was, sie griff also zu und spielte die Premiere. Ich bekam dann doch noch die Erlaubnis und spielte immerhin die Premiere in Paris, beim Theaterfestival der Nationen, es war ein rauschender Erfolg. Zusammen mit dem wunderbaren Kostüm- und Bühnenbildzauberer Horst Sagert habe ich das Kleid der Elsa für meine Bedürfnisse, für meine Art, die Rolle zu spielen, geändert, auch das war eine schöne Arbeit, mit diesem großartigen Künstler. Ich fand zum Beispiel, dass sie dieses tolle Spitzenkleid nur für den gehassten Drachen anhatte, es für ihn anziehen musste. Jetzt kommt Lanzelot. Da wirft sie das Kleid ab und empfängt ihren Helden in einem schlichten Unterkleid. Im schönen ausgearbeiteten, ausgefeilt gestickten und verzierten Kleid ist sie gefesselt, jetzt, im bloßen weißen Unterkleid ist sie erwartungsvoll und frei. Paris war auch insofern aufregend für mich, als ich vorher nicht im Originalbühnenbild probieren konnte, alles war bloß angedeutet, nur mein Kleid, das war echt. Das habe ich dann auch wie eine Kostbarkeit höchstpersönlich im Flugzeug nach Frankreich transportiert. Ich trug es, als wäre es ein rohes Ei und hielt es geradezu triumphierend oder kinderstolz hoch, als wir in Paris ausstiegen. Das war schon das Größte, was mir passieren konnte: gleich nach Paris!, und dort eine Premiere spielen, also meine Premiere. In Paris bin ich übrigens immer in die Beleuchtungsproben gegangen, die Besson machte. Ich traute mich nicht raus in die Stadt. Im Theater saß ich schön sicher – bis ihm das auffiel und er mich aufforderte, mir die Stadt anzusehen. Wenigstens solle ich in das kleine Bistro gleich in der Nähe des Bühneneingangs gehen. Das machte ich dann auch. »Trink einen Tomatensaft!«, rief er mir noch hinterher, und so saß ich fast eine Woche lang im Bistro und trank Tomatensaft. Das Mädchen aus Gera in Paris!

Da waren Sie schon mit Besson zusammen?

Ja. Sie haben mich gefragt, wie wir uns kennenlernten. Manchmal stand plötzlich abends sein Auto vor meiner Wohnungstür, ein großer weißer Fiat, schon arg verrostet, ich habe dann immer irgendwo in einer dunklen Ecke gestanden und gewartet, bis er wieder weggefahren war. Schüchtern, wie ich war. Als wir in der Kneipe in Schöneweide saßen, da war aber noch gar nichts Privates. Im Sommer 1964 kam er plötzlich zu mir nach Gera. Ich war zu Hause bei meinen Eltern, in den Sommerferien, ich war gerade beim Abwasch, und plötzlich steht er vor der Tür. Ich war verblüfft, er sagte nur, ob wir nicht mal ein Bier gemeinsam trinken wollten. Dafür kam der bis nach Gera? Er war verheiratet, und ich hatte wahrlich nichts getan, was ihn hätte auf die Idee bringen können, ich wolle eine Ehe kaputt machen. So was ist nicht mein Ding. Jedenfalls tranken wir ein Bier, in einer Kneipe, die hieß »Kuckucksdiele«, und er lud mich zum Urlaub an die Ostsee ein. Ich war dort sowieso mit Kollegen verabredet, wir wollten zusammen Ferien machen, gut, sagte ich, ich fahre mit, ich bat ihn aber, mich bei den Freunden abzusetzen. Er fuhr erst mal nach Ahrenshoop und besprach mit Heinrich Kilger das Bühnenbild für »Die schöne Helena«. Plötzlich spürte ich, dass er mir fehlte und ich mich fragte, warum er so lange wegbliebe. Da merkte ich, dass ich mich verknallt hatte. Ja, so muss es gewesen sein. Merkwürdig war, er hängte mir immer Tüten aus dem Intershop an die Tür, mit Zigaretten drin,

Marke »Kent« – also bevor er mit einem mal in Gera auftauchte. Er stieg mir irgendwie hinterher. Ich ahnte es und ahnte es auch nicht. Als ich wieder mal eine Übernahme absolvieren musste, die Eve im »Zerbrochenen Krug«, gab er für mich was beim Pförtner ab, Zigaretten und Cognac, in einer Tüte, mit einem Zettel: »Ich glaube, es wird gut.« So fing das an.

Katharina Lind kam übrigens auch mit zu diesem Gastspiel. Das fand ich sehr ehrlich und anständig von Besson, dass er sagte: »Jede von euch spielt drei Aufführungen.« Allerdings spielte ich die ersten drei, darauf war ich natürlich stolz. Und ich blieb ja dann die einzige Besetzung, Katharina ging weg vom Deutschen Theater. Es war verrückt, dieses Paris. Und ich war frisch verliebt.

Wie lange waren Sie verheiratet?

Verheiratet waren wir fünfundzwanzig Jahre, zusammen gelebt haben wir zwölf Jahre. Erst 1995 ließen wir uns scheiden. Er inszenierte in Lausanne den »Tartüff«, er lud mich ein, ich fuhr hin, schaute mir Proben an. Abends gingen wir wunderbar essen, nein, nein, sagte Benno, wir feiern nicht die Scheidung, heute Abend feiern wir unsere Silberhochzeit. Am nächsten Morgen um neun Uhr trafen wir uns mit einem Anwalt und gingen zum Scheidungstermin. Das dauerte, alles zusammen, eine Viertelstunde. Die Richterin fragte mich, ob ich sicher sei, dass Scheidung das Richtige wäre. Auf Französisch erwiderte ich: »Ich glaube …« Da sagt sie, sie wolle nicht wissen, was ich glaube, sie wolle eine klare Antwort. Ich guckte Benno an, der nickte mir ganz lieb zu, und es war vorbei. Am Abend haben wir dann zusammen die Scheidung gefeiert.

*Es hat elf Jahre gedauert, bis Sie wieder miteinander ge-
arbeitet haben.*

Ja.

*Zurück zur Volksbühnenzeit. Er ist eines Tages Intendant,
Sie sind nun die Frau des Chefs. Eine einfache Sache ist
so etwas nicht.*

Als er Oberspielleiter war, ging's. Als er Intendant wurde,
merkte ich die Veränderung. Die einen im Ensemble
sagten mir gar nichts mehr, weil sie dachten, ich trage
alles weiter, die anderen meinten, mich als Boten für
ihre Interessen benutzen zu können, die dritten guckten
ganz scharf auf mich, weil sie überall vermuteten, ich
würde bevorzugt behandelt und hätte nunmehr bessere
Möglichkeiten. Das wurde durchaus ein Problem für
mich. Fakt aber war, dass Besson zu Hause nichts über
das Theater sagte, er erzählte auch nichts von seinen
internen Intendanzproblemen. Nur ein einziges Mal hat
er daheim geradezu »angeordnet«, ich müsse bei Heiner Müllers »Weiberkomödie« eine Rolle übernehmen,
sofort wurde das missverstanden als Kungelei. Na ja, ist
eben so, man kann solche Reaktionen nicht verhindern.

War Besson ein guter Intendant?

Er hat Möglichkeiten geschaffen, für viele Regisseure.
Es war lustig zu seiner Zeit. Es war heiter. Es war lebendig. Wir haben nicht nur Erfolgstheater gemacht, nicht
nur Meisterliches, aber es war immer was los. Und diese
Lebendigkeit war ganz wichtig. Selbst der Konkurrenz-
kampf besaß etwas beinahe Unernstes, die Verbissenheit
fehlte, es stand nicht immer gleich alles auf des Messers
Schneide. Kam Annekathrin Bürger im Minikleid, dann

war das der Angelica Domröse am nächsten Tag noch ein wenig kürzer. So etwa war das, um es auf ein einfaches Beispiel runterzurechnen. Ich hatte am Anfang alles, auch die etwas ernsthafteren Konflikte, immer nur aus der Entfernung mitgekriegt. Ich nahm alles offen auf, was auf mich zukam. Intrigen, die es natürlich auch gab, bemerkte ich nicht, nicht mal jene, die gegen mich gerichtet waren. Hauptsache ich konnte spielen. Es ist wie beim Bowlen.

Beim Bowlen?

Ja, wir gehen hier alle vier Wochen mit den Nachbarn im Umkreis zum Bowlen. Wir sind vier Paare, ich bin immer die Letzte, ich bin immer die Schlechteste – aber ich bin trotzdem fröhlich: Dabei sein, das ist alles und das Schönste.

Und Sie fühlten sich dem Ensemble zugehörig, nicht der Intendanz.

So ist es. Er war als Intendant auch streng mit den Leuten, aber er hat sie nicht kaputt gespielt. Und man hat die Stücke verstanden! Als Heiner Müller kam, wurde es schon schwieriger mit den Aufführungen. Als er den »Macbeth« inszenieren wollte, scheiterte das zunächst an Besson, der sagte nämlich: »Heiner, bei mir kein Blut auf der Bühne. Mach es, wo du willst, aber nicht an der Volksbühne – bei mir kein Blut auf der Bühne!« Als Besson dann weg war, floss das Kunstblut in Strömen.

Sie waren eine der Hexen in Heiner Müllers »Macbeth«-Inszenierung von Shakespeare. Im Oktober 1982 bezichtigte die Kulturkonferenz der FDJ in Leipzig diese Inszenierung des totalen Geschichtspessimismus.

Nachdem die Aufführung abgesetzt worden war, wurden im Hof der Volksbühne die Requisiten und das Bühnenbild zerschlagen. Ein Requisiteur hat alles fotografiert. Der Tonmeister wurde aufgefordert, alle Bänder zu vernichten. Nichts sollte als Dokument dieser Inszenierung übrig bleiben. Die von der FDJ hatten gesagt, die Jugendlichen wollten so etwas nicht sehen. Jugendliche wurden doch gar nicht gefragt! Diese angebliche Publikumsreaktion wurde glatt erlogen. Es war furchtbar.

Wie war Heiner Müller als Regisseur?

Wie drücke ich das jetzt vornehm aus? Er war leise. Ich hab mal zu ihm gesagt: »Heiner, ich verstehe nichts.« Da hat er nur geantwortet: »Macht nichts, im Leben verstehst du auch nicht alles.«

Sie als Ehefrau von Besson – sind Sie in seiner Familie sofort anerkannt worden?

Nein. Diese Provinztunte!, das war die Meinung zum Beispiel von seinem Bruder André, der wohnte bei Genf, ein sehr überheblicher Mensch mir gegenüber. Ein anderer Bruder lebte in Kenia, den lernte ich nie kennen, es soll ein richtiger Faschist gewesen sein, Farmbesitzer mit Bluthunden, auf Schwarze ausgerichtet. Dann gab es noch zwei Brüder und eine Schwester. Das waren sehr liebe Leute. Wenn ich übrigens an André denke, denke ich ans Grillen, und wenn ich ins Grillen denke, denke ich an den Tod. Eine beinahe lustige Geschichte. Wir fuhren in den Wald, André hatte einen damals hypermodernen Grill, so einen kaufte Benno später und brachte ihn mit in die DDR. Wir grillten im Haus, weil draußen schlechtes Wetter war, ich merkte plötzlich, wie ich müde wurde. Ich lag schon fast, und als jemand das Fenster öffnete, fiel ich durch den Sauerstoffschock sofort in Ohnmacht. Ich hatte eine Kohlenmonoxidvergiftung. Man legte mich auf ein Feldbett, und jetzt kommt das Lustige – mein kleiner Sohn sah mich und flüsterte allen zu: »Psst, seid jetzt alle ganz leise, die Mama stirbt.« Benno Besson bringt Ursula Karusseit um mit einem Westgrill und sich fast mit!

Über Eitelkeit sprachen wir schon – Frau Karusseit, sind Sie ein stolzer Mensch?

Warum fragen Sie?

Weil das hier ein Interview ist und wir ausgemacht haben, ich darf alles fragen, Sie müssen nicht auf alles antworten. Aber das ist doch nun gewiss keine heikle Frage.

Nein, aber wenn man sagt, stolz zu sein, klingt es unbescheiden oder arrogant.

Stolz eben. Also sind Sie's?

Eine Kriecherin bin ich nicht.

Ich frage, weil ich vermute, dass Sie kein anbötiger Mensch sind – und das zum Problem wurde, als es die DDR nicht mehr gab. Der Prominenzboden brach weg. Man musste sich bewerben, Gutes von sich selbst in die nunmehr westliche Welt setzen, um bemerkt zu werden.

Diese Fähigkeit habe ich nie trainiert. Andere auch nicht, werden Sie jetzt sagen, und mussten es nach dem Ende der DDR trotzdem tun.

Sich anbieten, auf den Markt gehen und Eigenwerbung betreiben.

Ja, aber ich habe auch nicht das Naturell dazu. Mir fehlt der biegsame Charme, ja, ich habe meinen Stolz, wobei mir das Wort Würde lieber wäre. Ich wurde von der Schauspielschule weg an ein Theater geholt, ich musste mich nie höchstpreislich verkaufen – und nach der sogenannten Wende sollte ich es plötzlich praktizieren?

Sich klein machen, um irgendwo unterzukommen.

Nun, klein machen, das ist nicht das Problem, ich bin nicht größenwahnsinnig, und ich bin mir für vieles nicht zu schade. Ich habe keinen Dünkel. Mein Gemüt ist belastbar. Aber es kommt immer darauf an, vor wem und wovor ich mich klein machen soll. Vor irgendwelchen Deppen, nur weil sie aus dem Westen kommen und den Betrieb besetzt halten? Nee. Und nach der Wende sollte man denen plötzlich die Füße küssen? Konnte ich nicht, wollte ich nicht. Die Serie »In aller Freundschaft« zum Beispiel – das ist eine Tochtergesellschaft der Bavaria München. Und die Bavaria rief eines Tages an: Wir benötigen neues Material von Ihnen, wir brauchen neueste Bilder, wir brauchen neueste Filmausschnitte. Ich konnte nur erwidern, dass meine mitteilenswerten Filme schon ein wenig zurückliegen, wie überhaupt der Großteil meines künstlerischen Lebens, und dass es da nichts aufzufrisieren gibt und ich nicht gewillt und in der Lage bin, dieses Leben zu einem Trailer zurechtzuzimmern. Aus dem Bewerbungsalter bin ich raus, und wenn ich einen gewissen Hochmut habe, dann den: Ab und zu laufen ein paar DDR-Fernsehklassiker, in denen ich mitspiele, sehr spät im MDR oder im RBB, und da sollen die, die sich für mich noch interessieren, mal ein bisschen länger aufbleiben, und dann können sie sehen, was ich so vorzuweisen habe. Punkt, basta.

Waren Sie überrascht, was nach der Wende geschah?

Ehrlich gesagt, war ich verblüfft, denn ein klein wenig hatten wir uns hier im Osten schon eingebildet, man kenne uns da drüben. Aber nichts kannten die! Und zur Kenntnis hatte man wohl auch nicht genommen, dass wir zwar eingesperrt gelebt hatten, aber doch wussten, dass die Welt größer ist als die DDR. Ich habe mich in der DDR nicht gelangweilt, ich war nicht prinzipiell unzufrieden, das lag an den Menschen, mit denen ich zu tun hatte.

Dieses Grundgefühl, jetzt werde es einen Aufbruch auch an den Theatern der DDR geben – es hat sich nicht sehr lange halten können.

Die Wendezeit in der DDR war die Zeit der Hoffnungen, aber auch der Illusionen: Jetzt wird ein reformierter Sozialismus entstehen ... Wissen Sie, was ich gemacht habe? Daran können Sie meine Naivität ersehen, auch die ganze schöne Überspanntheit der Erwartungen, die man damals an die Welt und an sich selber hatte. Ich glaubte doch tatsächlich, kein anderer als ich könne, als es aufs Ende der DDR zuging, die Volksbühne retten. Ursula Karusseit als Heilige Johanna vom Rosa-Luxemburg-Platz – ich bewarb mich doch wirklich als Intendantin. Noch nie hatte ich ein Haus geleitet, ich hatte null Ahnung davon, aber ein total übersteigertes Sendungsbewusstsein. Das machte die Zeit mit einem. Sie ließ einen schweben, sie hob einen. Politik, Demokratie, Beteiligung, Mitsprache – das war wie ein großes unwirkliches Fest, ein Festival der schönsten großen Pläne brach los. Zudem hatte ich Angst, jetzt würden viele Kollegen entlassen, das musste man verhindern, jeder Fremde wäre schlimm gewesen. Also bot ich meine Kraft an, auch, weil ich gerade einige Erfahrungen mit Westtheatern gemacht hatte. Ich spürte, wie mich eine Welle der Aufopferungsbereitschaft durchströmte – selbstverständlich war das großer Blödsinn, man nahm diese Bewerbung im Roten Rathaus überhaupt nicht ernst. Oder jedenfalls nur insofern ernst, dass man mir erst nach drei, nach drei (!) Jahren – Frank Castorf war längst Intendant – einen Antwortbrief schickte, den Eingang meiner Bewerbung bestätigte und mit dem Erhalt auch den abschlägigen Bescheid mitlieferte. Allen Ernstes: pünktlich drei Jahre später! Natürlich schrieb ich zurück und bedankte mich meinerseits für Aufmerksamkeit, Mühe und schnelle Erledigung.

Sie spielten dann am Schillertheater in Berlin, es wurde 1993 geschlossen.

Das war schlimm, aber im Nachhinein sind mir die Gründe klarer: Da waren mehrere Dutzend Schauspieler engagiert, dazu noch Gäste – ich lernte dort Leute kennen, von denen hatte ich noch nie gehört, die genossen aber jedes Jahr die tarifliche Erhöhung. Als dann die Schließung kam, brausten sie auf. Das erinnerte mich an die Volksbühne: Als Besson ein paar Leute loswerden wollte, weil sie bislang nicht gerade durch Aktivität aufgefallen waren, pochten die plötzlich sehr energisch und erfolgreich auf ihr Arbeitsrecht. Natürlich war der Protest gegen die Schließung des Schillertheaters trotzdem richtig. Es war ein freilich ergebnisloser symbolischer Akt gegen den allgemeinen Kulturkahlschlag. Wir veranstalteten ja eine große Demonstration, Käthe Reichel gab ihr Bundesverdienstkreuz zurück, auch die Sabine Sinjen, die leider schon gestorben ist. Ich kann mich noch erinnern, dass der Schauspieler Walter Schmidinger auftrat, er hatte auf einem Rückflug aus Salzburg in der Zeitung gelesen, dass die Kaliarbeiter in Bischoferode in Hungerstreik getreten waren und dass zwei Arbeiter mit Gewalt in ein Krankenhaus gebracht wurden, weil sie in Lebensgefahr waren. Schmidinger fragte ins Publikum, wer wohl gegen die Schließung dieses Theaters, überhaupt eines Theaters, in den Hungerstreik treten würde. »Verzeihung«, sagt er, »ich auch nicht.« Das war ein Zitat aus Thomas Bernhards Roman »Verstörung«.

Weil Sie Walter Schmidinger nannten – vorher hatte es eine Schauspielversammlung am Schillertheater gegeben, die ein bezeichnendes Licht wirft. Auf dieser Versammlung wurde darüber gesprochen, das Theater mit weniger Subventionen weiterzubetreiben. Wenn alle auf zehn Prozent ihrer Gage verzichteten, wäre der Etat für eine Inszenierung vorhanden. Schmidinger in seinen Erinnerungen: »Es kam zu einer großen Schreierei, als ich meine Gage nannte. Alle sind aus den Pantinen gekippt. Katharina Thalbach hat gesagt: ›Mit Recht, mit Recht.‹ Das bezog sich auf die Empörung. Das kulminierte in einem Krach, der in eine ganz andere Richtung ging. Bernhard Minetti fand es nicht richtig, die Gage zu nennen, denn dann müssten Schauspieler mit kleinen Gagen irritiert sein. Es ging um große Gagen – kleine Gagen, große Schauspieler – kleine Schauspieler. Einige Zeit zuvor hatte Minetti, angesprochen auf Hans Otto, der von den Nazis umgebracht worden war, gesagt: ›Das war ja auch kein großer Schauspieler.‹ Darauf bezog sich Katharina Thalbach, als sie jetzt sagte: ›Ja, ja, kleine Schauspieler wie Hans Otto zum Beispiel.‹ Minetti verließ wortlos den Raum. Als Minetti ging, war die Versammlung beendet. Der größte Teil wusste überhaupt nicht, wer Hans Otto war, und begriff den Vorgang nicht.«

Das Schillertheater war ein Beispiel dafür, wie es plötzlich ernst werden kann mit der Bedrohung, und was dann von den Werten des Zusammenhalts bleibt, die man oft genug von der Bühne herab proklamiert.

Noch einmal Schmidinger: »In den Ferien wurden einige Mitglieder gebeten, im Foyer zu lesen. Wer trat im Foyer auf, um bis August 1993 den Anschein zu erwecken, dass das Schillertheater lebt? Off-Gruppen, weil die Prominenz im Urlaub war.« – Es gab also nach 1989 auch sehr bittere Momente für Sie.

Ja. Der Schock, dass einen keiner kannte, dass keiner ein Angebot machte.

Also gab es, nach dem Ende des Staates, für Sie wirklich schlimme Zeiten, totale Leere, Angst davor, dass es nicht weitergehen könnte?

1990, 1991, da ging es mir nicht so toll. Ich glaube, da war ich ein Dreivierteljahr arbeitslos. Das Einzige, was ich spielte, war die Elisabeth in »Maria Stuart«, in Frankfurt am Main, Manfred Karge führte Regie, Lore Brunner spielte die Maria Stuart. Dann waren da noch ein anderes Stück, »Die Sprache der Vögel«, und ein wunderschöner Kinderfilm mit Kurt Böwe. Das war noch einmal eine beglückende Arbeit. Ich muss mal meine alten Notizbücher rausholen, die habe ich alle noch, ab dem Jahr 1972 habe ich die geführt, da steht auch ein bisschen tagebuchmäßig was drin, da kann ich recherchieren – wenn ich's noch lesen kann. Vieles ist in Stenografie geschrieben.

Sie können Steno?

Das habe ich auf der Handelsschule gelernt, ich musste ja später im Betrieb die Diktate aufnehmen.

Mit welchem Gefühl gingen Sie aufs Arbeitsamt?

Mir kamen Worte meiner Eltern in den Sinn, die sagten gern, irgendwie gehe es immer weiter. Es ging weiter. Ich unterrichtete an der Filmhochschule in Babelsberg, aber die große Lücke, in der ich plötzlich hockte, konnte das auch nicht ausfüllen. Aber es war, zum Glück, auch das einzige Loch, in das ich gefallen war. 1992 inszenierte Besson am Schillertheater in Westberlin »Hase Hase«, mit der gesamten Besson-Familie sozusagen, das hätten wir noch unendlich weiterspielen können, wenn das Theater nicht geschlossen worden wäre, das Ding platzte mitten in diesen Publikumserfolg hinein. Das war endlich wieder Theater, wie ich es immer mochte: Alle kennen einander, alle wollen miteinander arbeiten, alle können miteinander arbeiten. Ich bin der Typ für die sogenannte Menschengemeinschaft.

Zum Arbeitsamt waren Sie in Frankfurt gegangen?

Nein, in Köln. Nach dem Gefühl haben Sie gefragt: Ich schämte mich natürlich auch. Die Kollegen aber sahen solche Gänge als sehr selbstverständlich an. Man hatte in die Kasse einzuzahlen, also hatte man auch ein Recht, sich Geld zurückzuholen. Die waren ja alle mit so einer Praxis aufgewachsen. Überhaupt, der Umgang mit dem Geld. Bei uns in der DDR hat man darüber kaum geredet. Man hatte dort seine Piepen, und Punkt. Witzig, dass man so einen richtigen Lohnschein kriegte am Abend nach dem Drehen, einen kleinen Umschlag, mit zwanzig Prozent Abzug für die Steuer. Als ich in Köln meine erste Gage kriegte für die Übernahme in Sternheims

»Kassette«, da trafen wir uns nach der Vorstellung mit dem Ensemble in der Südstadt in einer Eckkneipe. Ich war glücklich, ich winkte dem Ober, fragte jeden, was er trinken wolle und gab eine Runde aus. Da guckten mich alle sehr verwundert an, sie tranken das Bestellte, aber doch, so meine Beobachtung, sehr verhalten. Dann sahen sie, dass ich tatsächlich alles bezahlte. Das waren die nicht gewohnt. Die guckten genau auf ihr Geld, in finanzieller Hinsicht war ihnen das Überschwängliche, das Spendable ziemlich fremd.

Was hat Sie an dieser neuen West-Situation am meisten verletzt?

Es wurde plötzlich üblich, bei einer Agentur zu sein, sich auf diese Weise vermitteln zu lassen. Gut, sagte ich mir, gehst du halt auch zu einer Agentur. Es war eine Frau, die vorher beim Fernsehfunk gearbeitet hatte, sie gründete nun eine solche Agentur. Kannst du gleich eine Firmengründerin unterstützen, dachte ich. Sie hilft dir, ich helfe ihr. Und diese Frau sagte zu mir, mit der Gage für mich müssten wir künftig ganz vorsichtig sein, wenn wir zu viel forderten, würde ich nicht mehr besetzt. Das klang nach vorauseilendem Einverständnis, quasi mit Mindestlöhnen zufrieden zu sein – ich muss schon sagen, da habe ich geschluckt und fühlte mich gedemütigt. Wahrscheinlich wäre sie mir um den Hals gefallen, wenn ich damit einverstanden gewesen wäre, künftig überhaupt nur noch kostenlos zu arbeiten.

Sie haben gelernt, damit umzugehen: Der Mensch ist ein Kostenfaktor? Vor allem und jedem steht ein Preis?

Nein! Für mich steht die Frage, ob die Diktatur des Proletariats oder die Diktatur des Geldes schlimmer ist. Zu vermuten ist, die Diktatur des Geldes ist schlimmer. Sie drückt so niederschmetternd auf die menschlichen Beziehungen. Man spricht nur noch über Geld.

Zugleich verschweigt man sich, denn niemanden geht an, was man selber verdient. Der Mensch ist eine Spiegelfestung geworden, denn jeder könnte dem anderen ein Konkurrent sein.

Jetzt sind wir wieder bei dem Thema: Oft wird gesagt, nur die Not habe die Menschen in der DDR zueinander gebracht und aneinander gebunden. Not ist relativ, es waren schließlich keine Hungergemeinschaften. Aber man hat sich gegenseitig geholfen, man war füreinander da, viele Gespräche kannten das Wort »Geld« nicht, und in den Einsamkeiten fand man, so jedenfalls war mein Lebensgefühl, ganz anders Trost bei anderen Menschen als heute.

Menschliche Nähe? Ein Spitzelstaat, hört man es bei solchen Gelegenheiten krähen!

Ich glaube, Frau Birthler selber hat im Fernsehen gesagt, es habe irrsinnig viele Stasi-Leute gegeben, aber die wiederum rekrutierten sich nur aus einem ganz geringen Teil der Bevölkerung.

Frohlocken Sie, wie jetzt auch der Westen seine Krise hat?

Frohlocken? Es ist ja, wie man so schön und weise sagt, kein fremdes Leid. Wir alle hängen mit drin in den Kollapsen. Aber es ist ein Abschied von der alten Bundesrepublik, von der jetzt viele wissen, es war auch ein Staat, der über seine Verhältnisse lebte. Und von »Sozialpartnerschaft« ist nicht mehr viel zu spüren. Viele ehemalige DDR-Bürger mussten erkennen, dass es den Westen, den sie meinten, gar nicht mehr gab. Er war ein Produkt aus Werbefernsehen und daran entzündeter eigener Fantasie. Jetzt bröckelt das Bild. Aber heftig. In der DDR war nicht das Geld das Problem, sondern die fehlende Ware, und ich will jetzt nichts schönreden, aber der Mangel damals, das war auch ein Stück von dem, was im Leben wichtig sein kann: der unerfüllte Traum, der die Wünsche wach hält. Hier in Senzig hatten wir nur eine kleine HO-Verkaufsbude, aber es gab auch einen Fleischer, Fleischer Herrmann, da ging ich sonnabends hin und stellte mich an. Wir wussten, es gab regelmäßig böses Blut, denn die Wochenendler aus der Umgebung kamen, man kaufte sich sozusagen gegenseitig das Zeug weg. Wenn man dran war in der Warteschlange, bestellte man, Wurst, Koteletts, und irgendwann ließ man beiläufig den Wunsch nach einem richtig schönen Stück Filet fallen, und dann guckte die Verkäuferin nur hoch, ob's auch ja niemand gehört hat, verschwand für Momente, kam mit etwas Eingewickeltem wieder und fragte: »Kriegen Sie noch mehr Wurst?« Ja, das Eingewickelte wurde weitergeschoben auf dem Thekentisch, man schaute erst zu Hause rein – wunderschöne Schweinefilets. So entstanden in der DDR Erfolgserlebnisse. Erzählt man so etwas mit Augenzwinkern und ohne nachträglich aufgewärmte Wut, ich weiß, da stehen die Kulturkritiker en masse auf der Matte und regen sich darüber auf, wie man die Not in Nostalgie verwandelt. Ich will ja nur auf das Problem aufmerksam machen: Man sehnt sich nach Fülle – ist sie dann da, spürt man auch die Leere. Früher waren die Regale leer, aber es gab da noch etwas anderes, was einem irgendwie als etwas Unbezahlbares in Erinnerung bleibt. Weiß der Teufel, was es mit unserer Psyche so auf sich hat …

... am verlässlichsten ist die Unzufriedenheit mit gegen-
wärtigen Zuständen.

Ich bleibe dabei: Man hatte noch Träume damals, das
würde ich gern wieder haben.

Wenn die Wende nicht gekommen wäre, hätten Sie das
Haus, indem wir jetzt sitzen, wahrscheinlich nie gebaut.

Das ist wahr. Vielleicht wäre ich nicht mal auf die Idee
gekommen, ein Haus zu bauen. Ich hatte doch in Köpenick eine wunderschöne Wohnung, mit Balkonen, mit
toller Aussicht aufs Wasser und aufs Rathaus, schräg gegenüber das Schloss. Ich habe mich dort wohlgefühlt,
eine schöne Gegend ist das. Jetzt würde ich dort über
zweitausend Euro Miete zahlen im Monat, nicht bezahl-
bar für mich – da zahle ich lieber Raten für ein Haus,
vielleicht schaffe ich's, dass das mal meins ist, zumindest
kriegt es später mein Sohn. Der wird es wahrscheinlich
verscheuern, aber nach mir die Sintflut.

Wie haben Sie eigentlich Ihren jetzigen Mann kennenge-
lernt?

Er war Statist an der Volksbühne, Hans-Diether Meves
inszenierte »Fiktiver Report über ein amerikanisches
Popfestival« von Tibor Déry, da wirkte er als Kleindarsteller mit. Nach Jahren in der Wismut, bei Ronneburg,
fast die Gegend, in der ich aufgewachsen bin. Später
lebte er in Altenburg, machte dort alle möglichen Jobs.
Beim »Popfestival« ging die Bühne auf, da saßen diese
vielen Kleindarsteller, mit gewaltigem Bart, ich sah ihn
da zum ersten Mal, ohne ihn richtig wahrgenommen
zu haben. Und dann hat er sich als Techniker für unser
Theater beworben, ich sah ihn nun öfter und fand ihn

interessant, ein schmaler, aber kräftiger Kerl. Durch die Ankleiderin erfuhr ich, er sei verheiratet und habe drei Kinder. Also: Hände weg. So was ist nicht mein Ding, war es auch bei Besson nicht, ich gehörte nicht zu denen, die ihre Wirkung auch daran messen, ob's ausreicht, eine Ehe zu zerstören. Aber irgendwann machte er, wie soll ich sagen, selber Anstalten. Am Hölzernen See besaß die Volksbühne den gesamten Sommer über, für interessierte Urlauber, ein Dauerzelt, das musste im April aufgebaut werden, er war bei den Aufbauten dabei, ich fuhr auch hin – da haben wir uns das erste Mal geküsst. Mitte der achtziger Jahre gingen seine Frau und seine Tochter in den Westen, er ging hinterher, Familienzusammenführung, aber sie lebten längst nicht mehr zusammen. Ein umtriebiger Mensch, er ist dreizehn Jahre jünger als ich. Er war dann Techniker an der Schaubühne in Westberlin, als Beleuchter ging er mit mir nach Köln, kam zurück ans Schillertheater, das dann geschlossen wurde. Ihm bot man einen Job an als Wächter im Verkehrsmuseum. Einen ganzen Tag hielt er das aus, nicht länger. Er kam nach Hause und sagte: Wo leb ich denn! Ich verbring doch meine Tage nicht damit, den Leuten einzuschärfen, dass sie nichts anfassen sollen! Jetzt ist er schon lange an der Hochschule für Musik in Berlin, ist Beleuchtungschef und Sicherheitsinspektor. Und 1998, nach zwanzig Jahren Gemeinsamkeit, entschlossen wir uns zur Heirat.

Wie kamen Sie zur Fernsehserie »In aller Freundschaft«?

So, wie man heutzutage meistens zu einer Rolle kommt: über eine Agentur. Es hieß, man würde in Leipzig eine Medienanstalt aufbauen, eine neue Serie starten, ob ich so eine Art Haushälterin spielen würde. Eine Haushälterin hatte ich schon mal gespielt, das war die Gertrud Habersaat in »Wege übers Land«.

174

Toller Vergleich!

Nicht vergleichbar, klar, aber ich hatte nicht den Hochmut, abzulehnen. Und Hollywood hatte sich auch schon eine Weile nicht gemeldet, wenn Sie verstehen, was ich meine. Also sagte ich zu. Man ging von einem Jahr Laufzeit aus, die Quoten waren weniger als durchschnittlich, die Drehbücher nach immer gleichem Strickmuster: Sex stand ganz vorn an, die Krankenschwestern mussten kurze Röcke tragen, die Kittel der Ärztinnen waren bis sonst wohin ausgeschnitten. Auf sehr plumpe Weise wurde das Krankenhaus als ein Idealort für Bettszenen benutzt. Aber das Publikum biss trotzdem nicht an – und die Drehbuchautoren fingen langsam an, sich Mühe zu geben.

Es ist die beliebteste, erfolgreichste Serie geworden.

Ja, aber Sie werden jetzt trotzdem fragen, warum ich da mitmache.

Richtig. Und ich werde schon in der Frage einen deutlichen kritischen Unterton haben, und dieser Unterton will sagen: Verehrte Künstlerin, das haben Sie doch nicht nötig.

Wie heißt es so treffend in »König Lear«, als der alte König seine Tochter zurechtweist: »Sag du mir nicht, was nötig sei!« Für meine Arbeit schäme ich mich nicht. Ich übe meinen Beruf nach den Möglichkeiten aus, die mir eingeräumt werden. Ich habe keinen Beruf, den ich unabhängig ausüben kann, als Schauspielerin ist man sogar sehr, sehr abhängig. Wofür ich nicht begabt bin (Gott sei Dank!), ist ein Gram, der lähmend und depressiv macht. Es hat doch keinen Sinn, mich in eine Ecke zu setzen und von großen Altersrollen bei den Salzburger Festspielen zu träumen. Offenbar glauben diese Festsspiele, auch ohne mich gut über die Runden zu kommen. Ich kann mich auch nicht auf den Markt stellen und meine künstlerischen Verdienste herausbrüllen.

Sie dürfen auch nur in Maßen über das Missverhältnis nachdenken zwischen diesen Verdiensten und den tatsächlichen Angeboten.

Genau. Und ich muss mir auch immer wieder mal deutlich machen, dass die Zeiten gewechselt haben, dass vieles durcheinandergewirbelt wurde, dass der Zufall immer aufs Neue seine Triumphe feiert, die uns manchmal gar nicht schmecken, und dass Qualitäten, die man möglicherweise hat, nicht automatisch, sagen wir mal, an große Theater führen. Manchmal muss man seinen Beruf auch dort gut ausüben, wo man nicht unmittelbar und aus ganzem Herzen mit dem Stoff zu tun hat, der da abgehandelt wird. Es gibt sicher andere Kollegen, die Serien ablehnen. Das muss jeder für sich selbst entscheiden. Außerdem, so ehrlich bin ich auch: Ich muss Geld verdienen, und ich tue es mit einer Arbeit, für die ich mich nicht schäme – auch wenn ich gleichzeitig natürlich weiß, dass ich mich in meinen schauspielerischen Fähigkeiten unterfordert fühle. Es ist Stress, es ist oft wie eine Art Fließbandarbeit, die Regisseure wechseln, die ackern auch wie im Akkord, einer bereitet vor, der nächste dreht, der dritte schneidet, wenig von dem, was man vor der Kamera macht, schwingt nach – also ich bin mir der Probleme sehr wohl bewusst. Aber es ist eine Arbeitsatmosphäre, in der kaum Befehlstöne vorkommen, wir diskutieren über die Bücher, machen uns Texte »maulgerecht« … Ich habe schon angemahnt, mir wirkliche Geschichten zu schreiben, in denen die Charlotte, die ich gern spiele, lebendiger, facettenreicher wird. Ich möchte schon etwas mehr zeigen von dem, was ich kann. Damit ich nicht eines Tages sagen muss: von dem, was ich *noch* kann.

Das klingt nach traurigen Momenten.

Ach, was heißt traurige Momente … Einem Regisseur habe ich zum zehnjährigen Bestehen der Serie, während der Feier, einen Brief übergeben. Da standen ein paar Wünsche von mir drin. Der gute Mann steckte den Brief dankend in seine Anzugjacke, und ich dachte: So oft werden ja keine Feiern stattfinden, da wird er diesen Anzug demnächst nicht wieder anziehen, und so gerät mein Brief in Vergessenheit. Aber er rief mich an und versprach weitere Arbeit an der Figur.

Diese Charlotte Gauss, die Kantinenwirtin. Wie würden Sie denn Ihre Figur für jemanden beschreiben, der die Serie nicht kennt?

Es ist eine warmherzige, aber auch aufbrausende Frau, eine Art Matrone vielleicht, etwas Gluckenhaftes, sehr Mütterliches, hat sie, aber alles Mütterliche besitzt auch was Schweres, Herrschendes. Sie ist also auch eine Wächterin, neugierig auf Klatsch und Tratsch.

Ich möchte noch einmal auf Ihre Eltern zu sprechen kommen. Ihr Vater war Berufsschullehrer – und natürlich in der SED.

Er war in der Partei und ist dann aus religiösen Gründen ausgetreten. Ich glaube, er war ein guter Lehrer, und wie alle Leute in der DDR, die ihr gesamtes Leben ausdauernd und stetig gearbeitet haben, wurde er mit dem berühmt-berüchtigten Großgeschenk der DDR, dem traditionellen Präsentkorb, aus der Berufstätigkeit verabschiedet.

Wann ist er in die SED eingetreten?

Als sich KPD und SPD zusammenschlossen zur SED, wurde er Miglied. Er meinte später, gar nicht richtig begriffen zu haben, wofür er da den Arm gehoben hatte. Ende der fünfziger oder Anfang der sechziger Jahre trat er wieder aus, er konnte die Pflicht, Marxismus-Leninismus zu lehren, nicht mehr mit seinem christlichen Glauben vereinbaren. Er war ja auch zutiefst Pazifist. Er wurde von den Genossen inständig befragt, aber die Aufkündigung der Parteizugehörigkeit wurde ihm beruflich nicht zum Verhängnis, er blieb Berufsschullehrer. Meine Eltern waren trotz dieser Abkehr von der Partei keine Oppositionellen. Sie haben weiter ruhig und bescheiden ihr christliches Leben gelebt, und sie hatten nichts dagegen, dass wir zu den Jungen Pionieren gingen oder später zur FDJ. Ich war gern Pionier, sang im Chor, wir traten zu richtigen großen Konzerten auf, etwa bei der Wismut. Es machte einen Spaß, der einen die politischen Rituale ertragen ließ.

Wie haben Sie den 17. Juni 1953 erlebt?

Ich war vierzehn. Ich brachte meine jüngere Schwester zum Religionsunterricht, die Berggasse hoch, da stand das Gefängnis, an einem Hang. Ich sah Leitern an der Mauer und hörte Rufe: »Holt sie alle raus! Alle!« Unsere Klassenlehrerin, die mit ihren wunderschönen langen blonden Haaren gern patrouillierend durch die Klasse schritt, las uns Drohbriefe vor, die sie erhalten hatte: Dich kriegen wir auch noch dran, du alte Stalinistensau! Irgendwie war es aufregend – die typische Kinderhaltung, wenn ein Chaos ausbricht.

Waren Ihre Eltern jemals unglücklich in der DDR? Sie waren Christen – träumten sie nicht davon, in einem anderen Land als diesem sozialistischen Staat zu leben, der nicht gerade kirchenfreundlich und religionsgewogen ausgerichtet war?

Nein, von Unglücklichsein kann man nicht reden. Im Maße des Möglichen, auf das man sich in jedem Leben einstellt, in dem man sich einrichtet, haben sie sich wohlgefühlt. Sie hatten ihre Gemeinde, die hielt viel zusammen, diese Gemeinde trug die Gemüter, sie war der friedliche und freundliche Unterpfand dieser Existenz.

Ihre Eltern, wollten die in den Westen, also noch vor ihrer Rentnerzeit?

Meine Eltern hatten ein einziges Mal die Überlegung, doch. Und meine Tante hatte damit gelockt, ich könne doch in Aachen eine Stelle als Buchhalterin bekommen. Als mir meine Mutter das erzählte, muss ich sehr entgeistert geguckt haben: was sollte ich denn in Aachen?! Da hatte ich mir gerade mein Studium erkämpft, gegen alle Widrigkeiten, auch gegen den Widerstand der Eltern, und nun womöglich Aachen? Das kam für mich nicht in Frage. Aber was machten meine Eltern? Sie schickten ganz brav – es geschah alles noch vor dem Mauerbau – schon mal Geschirrtücher rüber, Kochtöpfe, Stück für Stück, alles per Paket. Wir vier Kinder aber machten ihnen am Ende doch einen Strich durch die Rechnung. Ich hatte das Studium in Berlin begonnen, mein großer Bruder war an der Technischen Hochschule in Dresden, der jüngere Bruder lernte Klavierbauer, und meine zwölfjährige Schwester ging noch zur Schule. Wir sagten geschlossen, fahrt ihr schon mal rüber, wir kommen nach, irgendwann. Da ließen die Eltern sich den ganzen Kram wieder zurückschicken – so blieben wir, und so blieb alles beim Alten.

Sie sprachen vorhin von einem Pilgerheim, in dem Ihre Eltern gegen Ende ihres Lebens gewohnt haben.

Ja. Es kam das Alter und mit ihm der Wunsch, den letzten noch lebenden Verwandten nahe zu sein, und die wohnten im Westen. Mein Vater zögerte lange, ob er ins Heim gehen solle – als es zu entscheiden war, spürte er immerhin, dass er nicht mehr auf die Bäume klettern konnte, da war er vierundsiebzig, vier Jahre älter als meine Mutter, und unter diesem ganz natürlichen Handicap litt er, denn er hatte immer die Obstbäume selber beschnitten, und nun ging es nicht mehr. Manches Gebet meiner Eltern in jener Zeit kreiste um die Skepsis, den richtigen Schritt zu tun, sie waren voller Zweifel. Aber dann wagten sie es, es war ein Pilgerheim, entstanden aus Fachwerkhäusern, ergänzt mit Bungalows, mit Fußbodenheizung und allem Komfort. Da war denn doch die Verlockung größer, den Rest des Lebens in schöner Bequemlichkeit und Behaglichkeit zuzubringen. Sie waren ja noch selbstständig, und so bezogen sie eine wirklich einladende Wohnung, zwei Zimmer, Küche und Bad, eine kleine Gästetoilette sogar, nach vorn hinaus eine kleine Terrasse, nichts war abgezäunt, das Gelände offen und vertrauenerweckend, die Häuser begehbar von allen Seiten, und bewohnt das Ganze von Ehepaaren. Endlich eine Heizung, der Vater musste keine Kohlen mehr schleppen.

Die Bewohner bezahlten ganz normal wie überall anders ihre Miete, und bezahlt wurde in der Verwaltung des Heimes auch gleich die Beerdigung. Das klingt jetzt ein wenig gruselig, aber so war meinen Eltern die Sorge genommen, die Kinder würden womöglich in finanzielle Schwierigkeiten gestürzt, wer wusste denn, wie die Zeiten werden. Und was uns betrifft: Wir wohnten im Osten, DDR-Geld hätten die da drüben nicht genommen – also für alle Seiten waren die Dinge gut und verlässlich geregelt. Die Absicherung schonte das Herz, das sich ganz und gar auf die schönen Dinge des Lebens konzentrieren konnte. Ein guter Lebensabend. Als meine Mutter gestorben war, sie starb in Solingen im Krankenhaus, blieb uns nur noch, die Wohnung aufzulösen. Mein Vater war ein Jahr vor seiner Frau gestorben. Die Mutter wollte nicht weg aus dem Heim. Sie wehrte sich gegen meinen Vorschlag, sie zu uns hierher nach Senzig zu holen. Sie wollte in der Nähe »ihrer« Leute bleiben. Und dann war da ja auch der Friedhof mit dem Grab ihres Mannes. Obwohl sie immer sagte, nicht hinzugehen zu dem Grab, dort läge ja nur der Körper, entscheidend sei die Seele, die aber fände man dort nicht. Wozu also hingehen? Wir haben, als das Ende ahnbar wurde, noch einmal eine Reise an den Bodensee mit ihr gemacht, auf die Blumeninsel Mainau, ihr inniger Wunsch, einer der letzten Augenblickssiege über die Leukämie.

Wie starb Ihr Vater?

Nach der Betstunde kam er nach Hause, sie aßen Abendbrot, gingen zu Bett, mitten in der Nacht plötzlich ein fürchterlicher Hustenanfall, er fiel in ein Koma, im Krankenwagen in die Klinik gelang die Wiederbelebung, am Morgen in Leverkusen ist er dann aber gestorben.

Lebten Sie in Gera komfortabel?

In der Nachbarschaft gab es jemanden, der ging nach dem Westen, und er bat meinen Vater darum, seine

Möbel zeitweilig bei uns unterstellen zu dürfen. Er wolle sie zu einem späteren Zeitpunkt nachholen. Wir besaßen wenig, also lebten wir in diesen Möbeln, gewissermaßen auf Abruf. Sie wurden nie abgeholt. Wir hatten keine Großbürgerwohnung, ganz im Gegenteil. Das Einzige, was sich mein Vater gewissermaßen leistete, war ein sogenanntes Herrenzimmer, mit geschnitztem Schrank und einem Rauchtisch. Seltsamerweise verkaufte er die guten Möbel an einen Zahnarzt und tauschte sie ein gegen eine fürchterliche Schrankwand. Eine dieser typischen DDR-Schrankwände, die nahmen sie dann auch mit in ihre schöne Wohnung im Pilgerheim.

Standen Sie je in Verführung, ein gläubiger Mensch zu werden?

Als junges Mädchen schon. Ich war, als Siebzehnjährige, sogar mal in einen Pfarrer verliebt, der mich bekehren wollte. Aber es klappte nicht. Es war während einer Bibelwoche in Brandenburg. Ich war mitgefahren mit meinen beiden Schwägerinnen, meiner Großmutter und meiner Mutter. Sie waren im »Bund freier Christen« und trafen sich zu dieser Bibelwoche in Brandenburg.

Sind Sie eigentlich getauft?

Nein, das war auch so ein leidiger, schmerzlicher Punkt. Bis zu ihrem Ende hofften meine Eltern darauf. Nur meine Schwester wurde getauft, sie geht auch heute noch regelmäßig zu Gottesdiensten, wir anderen drei Geschwister sind gewissermaßen lupenreine heidnische Menschen, die Eltern hat das wirklich lebenslang beschäftigt, ja gequält. Sie litten darunter, dass ihr Einfluss in dieser Hinsicht nicht groß genug war.

Sie glauben also nicht an Gott?

Ich hoffe nicht, den Eindruck eines alten Oberklugen mit langem weißem Bart zu machen: es wird wohl eine höhere Macht geben, die Balancen hält, die Dinge fügt, einem den nötigen Halt gibt. Jede Blumenblüte ist ein Wunder, jedes Gänseblümchen arbeitet mit am Frieden der Welt, es gibt Mächtigeres als den Menschen. Doch auf Ihre direkte Frage kann ich nur direkt antworten: Nein. Aber als Kind bin ich mal vor Schreck, ich war schon beim Einschlafen, wieder hochgefahren aus dem Bett – ich hatte das Abendgebet vergessen. Da war sie dann doch, die Gewöhnung an ein anerzogenes Ritual. Wie ich da aus dem Schlaf purzelte, um das Gebet nach-zuholen, hoffend, Gott werde mir verzeihen, das habe ich nicht vergessen. Seltsamer Übergang jetzt, aber ich kann mich auch noch genau an den Tag erinnern, als ich das erste Mal betrunken war.

Was heißt: seltsamer Übergang – betrunken weiß man auch nicht mehr, wo Gott wohnt.

Es war Fasching, ich arbeitete schon in der WMW Union Gera, in der Maschinenfabrik. Es war der 18. Februar, der 50. Geburtstag meines Vaters. Ich seh noch die belegten Brötchen auf dem Tisch liegen und mich gleich dane-ben. Nachts um zwölf kam ich nach Hause, mein älterer Bruder nahm mich in Empfang, schob mich ins Zimmer und flüsterte, ich solle ruhig sein, der Chor sei noch da. Die Freunde aus der Gemeinde sangen ihm ein Ständ-chen, ich brachte mich ein wenig auf Vordermann, fünf nach zwölf bin ich dann rein zum Vater und gratulierte ihm nachträglich. Ihm war sehr beklommen zumute, dass ich diesen Tag, dieses Ereignis fast vergessen und mich tagsüber nicht gemeldet hatte. Es gibt familienbedingt eine gewisse verpflichtende Grundhaltung zu bestimmten Ritualen und Prinzipien, so eine bestimmte Umgangskultur, die meine Eltern ungern verletzt und vernachlässigt sahen. Dummerweise kam in jener Nacht, als ich verspätet gratulierte, meine Tante Trude herein – Tante Trude, die bald über die grüne Grenze in den Westen fliehen würde – und nölte verräterisch: »Huch, das stinkt ja hier nach Fusel.«

Da waren Sie also eines Tages in einen Pfarrer verliebt!

Ja, das war ein junger schöner Mann. Aber ich war trotz meiner Begeisterung natürlich klug genug, das nicht als Grund für eine Hinwendung zur Religion zu nehmen, der ich nie hätte genügen können. Ich war nie ein gläubiger Mensch. Obwohl meine Mutter, ja, auch mein Vater inständig beteten, ihre drei Kinder, die nicht den christlichen Weg gingen, mögen doch zur Umkehr finden. Sie haben wohl bis zu ihrem Tod, also auch noch im Pilgerheim in Westdeutschland, darauf gehofft, wir würden ihren Glauben annehmen. Und wir alle drei konnten ihnen diesen Wunsch nicht erfüllen. Nur meine Schwester trat diesem Glauben bei. Sie lebte von uns Kindern am längsten im elterlichen Haushalt, also war sie am intensivsten und dauerhaft beeinflussbar. Ich selbst ging mit zwanzig aus dem Haus, von da an nicht mehr erreichbar, auch nicht durch die Gebete.

Wie kommt es, dass so eine Glaubensübernahme, von den Eltern vorgegeben, nicht automatisch erfolgt? Man wächst in einem christlichen Elternhaus auf – und wird dann ebenfalls ein religiöser Mensch …

Von Automatismus würde ich überhaupt nicht reden. Den gibt es in keiner Erziehungstradition, in keiner

Familie. Wir gingen als Kinder in diese sogenannte christliche Sonntagsschule, und da sahen wir auch die Leute, die aus dem Gottesdienst kamen. Ich kann mich an Bankiersfrauen erinnern, die von sehr weit oben auf uns herabblickten. Solche Momente können es sein, die eine Abkehr, ja einen Ekel hervorrufen, den man nicht wieder loswird. Gottesdienst und diese Arroganz, das war der Eindruck, und gegen den half nicht mal das Ethos im eigenen Elternhaus. So was spürt man als Kind: Diese Frauen guckten nicht nur arrogant, viel schlimmer, die waren nicht eins mit sich, die waren nicht eins in Christo. Das war der Riss in der Welt, den ich irgendwie fühlte, der Riss zwischen Sein und Schein. Diesen Riss nahm ich eher wahr als den gleichen Widerspruch später bei den Ideologen des SED-Systems. Ich sah bei vielen, die aus dem Gottesdienst kamen, die Fassadenmalerei: Wir sind ja alle so sehr dem Herrn verbunden, im Herrn gebunden. Von wegen. Ich sah diese Weiber bei uns zu Hause, wenn sie bei meiner Mutter zu Gast waren. Da wurde gestichelt und geurteilt, hanebüchen. Meine Mutter tat mir leid, sie war so freundlich, so hinnehmend, immer vom Drang zur Befriedung beseelt. Sie beteiligte sich nicht an der Natterei, am bisweilen bösartigen Klatsch. Sie war naiv, wahrscheinlich habe ich einiges von ihr geerbt.

Was?

Ein bisschen diese Gutgläubigkeit, die Scheu. Letztere legte sich mit den Zeiten. Wobei ich mich auch mal ganz gern an Klatsch und Tratsch beteilige, freilich fern jeder Denunziation. Der Fahrer, der mich zu den Dreharbeiten zu »In aller Freundschaft« abholt, fragt immer zuerst: »Na, was gibt es Neues in der Firma?«

Jetzt, zum Schluss, doch noch eine Traumrolle!

Ich habe Miss Marple in meinem Hinterkopf, so ein Typ
im Film würde mir gefallen. Ach Quatsch, Traumrolle!
Ich hatte doch schöne Aufgaben in meinem Leben! Einige Shakespeare-Rollen sind mir verwehrt geblieben,
gut, ich habe die Gertrud im »Hamlet« gespielt, in »Was
ihr wollt« die Gräfin Olivia. Da war auch in der Volksbühne schon die sogenannte Moderne des Pop-Theaters
ausgebrochen … ich musste da mit einer Sonnenbrille
kommen und hatte irgendeinen Ball unter dem Arm.
Der Pfarrer kam auf Skiern.

Versäumnisse gehören zur Bilanz.

Versäumen tut man immer etwas, und ganz schön wird
es nie!

Als Argon in »Der eingebildete Kranke«
von Molière, Potsdam, 2004

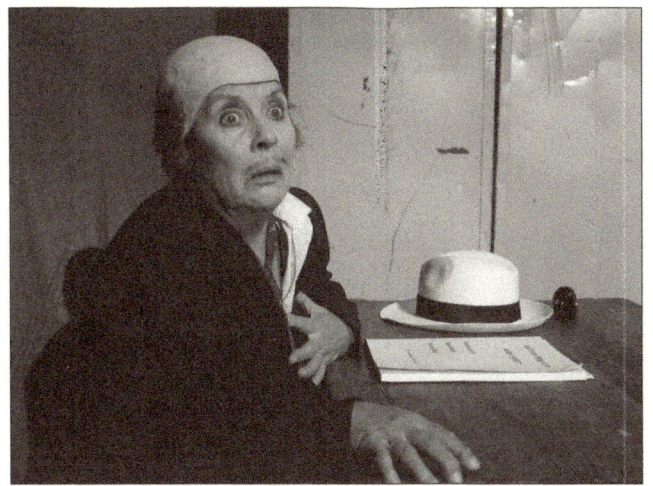

Als Capone in »Al Capone und die Insel der Pelikane« von
Matthias Brenner, »Theater am Rand«, Zollbrücke, 2009

Für die freundliche Genehmigung zum Abdruck der Texte
Dank an

Gisela Steineckert: Beifall unterm Hotelfenster, in »Für
Dich«, 40/1968
Helmut Sakowski: Eine Huldigung, in »Freie Erde«, Neu-
brandenburg, 2. Oktober 1968
Matthias Brenner: Was wäre, wenn? – Originalbeitrag für
dieses Buch

BILDNACHWEIS

Adelheid Beyer   7 u. r.
Defa-Lück   7 o. r.
André Kowalski   190
Günter Linke   189
Willi Saeger   6 u. l., 7 u. l.

Alle übrigen Fotos stammen aus dem Privatarchiv von
Ursula Karusseit. In einigen Fällen konnten Bildrechte-
inhaber leider nicht ermittelt werden. Berechtigte Honorar-
ansprüche bleiben gewahrt.